KB248581

상황과 섭리

-김정웅 목사 전기-

상황과 섭리

− 김정웅 목사 전기 −

천사무엘 · 송현강 공저

동연

특유한 인생 역정의 주인공을……

한 인간이 이 땅에 와서 자랑스러운 기록을 남기고 싶어 하는 욕구는 누구에게나 다 가득하다. 그러나 그 욕구를 충족시킬 만한 사연을 갖춘 사람은 드물다. 그래서 흔히들 아름다운 기록을 후대에 전할 수 있는 인생 기록을 가지고 있는 사람에게는 모두가 우러러 보고 존경의 박수를 보낸다. 그래서 혜안을 가지고 사는 사람은 언제나 자신의 기록에 오점을 남기지 않으려고 몸부림을 친다. 그 몸부림은 단순한 노력으로 이룩될 수 없다. 후대가 높이 평가할 수 있는 기록의 보유자는 남다른 삶의 철학이 있어야 하고 차원 높은 신앙의 경지에 이르러야 한다.

내가 아는 이 책의 주인공은 겉으로 보기에는 지극히 평범한 목회자의 한 사람이다. 그러나 좀 더 가까이에서 지내다 보면 무언가 다른 인간의 향내를 맡게 된다. 그 향내는 평소에 누구에게서도 찾아 볼 수 없는 특별한 것들이다. 이 향내를 맡고 거기에 도취되어 버린 사람들은 이 주인공의 곁을 떠나지 못하고 늘 주변에 머물게 된다.

　그 인간 향기를 맡고 있노라면 하나하나 독특한 내용들이 보이기 시작한다. 그 독특한 내용들은 자신의 유익을 구하는 것보다 자기 주변의 사람들을 살피고 돕는 데 열정을 쏟는 것부터 시작된다. 모두가 안일을 추구하고 입을 다물고 있을 때 그는 입을 열고 행동하는 양심을 보인다. 독재자의 시퍼런 칼날 앞에서도 인간의 기본권과 민주화의 함성을 지르는 용기를 보인다. 그리고 자신의 용도 가치가 시들어지면 침묵을 지킨다. 그러면서도 예언자적 용기와 메시지를 품에 안고 언제나 싱싱한 하늘나라의 도구로 스스로의 일생을 엮어나간다.

　본서의 주인공이 자신의 사연이 한 권의 책으로 엮어질 줄은 꿈에도 몰랐으리라 생각한다. 그에 대한 이 한권의 기록이 정리되기까지는 흥미로운 사연이 있다. 그에게 은혜를 입은 사람 중에 한 분이 고마움을 갚고 싶어 갖은 방법으로 표현을 하였지만 그는 전혀 받아들이지 않았다. 그때부터 이 주인공의 삶에 남다른 원칙이 있고 차원이 다른 신앙의 실천이 있음을 터득하게 되었다. 그리고 서서히 지금까지 살아온 그의 삶의 여정을 탐색하기 시작하였다. 그러한 가운데 남다른 인생 역정에 깊은 감동을 받고 그의 삶의 이야기를 엮어 내놓는 것을 은혜의 보답으로 여기게 되었다는 이야기다.

　주인공은 실로 자랑스러운 나의 동지요 신앙의 형제이다. 이 추천자도 그가 보여준 따뜻한 우정에 여러 번 감동을 받았다. 부족한 벗을 하나님 나라와 그 의의 실현에 쓰임 받는 도구로 삼기 위하여 동분서주했던 그의 뜨거운 우정이 지금도 생생하게 가슴에 남아 있다. 따뜻한 차

한잔이나 교통비 한푼 준 적이 없는데 그는 자신의 시간과 정성을 아낌 없이 쏟아 주었다. 그가 보여준 신의(信義)는 지금도 나를 꼼짝 못하게 한다.

이러한 본서의 주인공의 삶의 기록들을 한 권의 책으로 정리하여 펴 낸다는 소식을 듣자 본인도 모르게 나 스스로 추천서를 쓰면서 그가 가 지고 있는 기록들이 실로 아름다움을 함께 만방에 고하고 싶다.

이토록 소중하고 귀한 종을 우리 주변에 보내 주신 하나님께 감사하 면서 그의 남은 여생도 좋은 건강과 함께 그 특유한 인생 향기를 변함없 이 뿜어내기를 바란다. 그리고 본서를 읽는 독자들도 물러나는 노병사 의 기록 속에서 많은 것을 음미하면서 참 삶의 가치들을 공유할 수 있기 를 바라는 마음 간절하다.

2010년 사순절에

정장복

　김정웅 목사는 1980~90년대 충북지역 민주화운동을 주도한 인물로 잘 알려져 있다. 또한, 1980년 개척 시절부터 청주 명암교회를 담임하여 좌고우면하지 않는 신실한 목회로 교인들에게 선한 영향을 끼친 것으로 소문이 나 있다. 최근에는 김정웅 목사와 명암교회가 시민운동과 사회복지사업에 헌신하고 있다는 얘기도 들려온다.

　김정웅 목사의 사역은 크게 세 가지로 나눌 수 있다. 일선 목회와 민주화운동 그리고 사회복지 사업이다. 그는 이 분야들에서 보통 사람들이 쉽게 도달할 수 없는 큰 성취를 이루었다. 그가 이룬 일들은 그 어느 하나 만만치 않은 결단과 고난의 길이었고 또 주변의 도움이 있어야 가능한 일이었다. 김정웅 목사의 삶은 우리에게 무엇인가? 그의 생애의 동력은 무엇이었을까? 시대의 흐름을 예민하게 읽고 한발 앞서 대응하는 그 통찰과 적응력은 또 어디서 온 것일까?

　이 책은 이런 질문을 가지고 김정웅 목사의 인생을 역사적으로 추적해 본 것이다. 먼저 관련 자료를 최대한 수집하였다. 김 목사 개인의 구술이나 소감보다는 문헌자료를 통해 객관성을 확보하는 데 주력하였다. 또한, 그동안 김 목사와 함께 활동했던 분들의 증언도 청취하였다. 단순한 기억보다는 무엇보다 그들의 시각에 주목했다. 이 자리를 빌려 그동안 협조해 주신 여러분들께 감사드린다.

필자들은 이 책에서 김정웅 목사의 삶을, 생애사(生涯史, life history) 적인 역사연구 방법론에 따라 그의 생애 전체를 조망하는 데 관심을 두었다. 한 인간의 삶은 특정한 몇 가지 요소만으로 설명할 수 없는 복합적이고 중층적인 모습을 띤다. 그러므로 인물 연구(character study)는 그 사람의 생애 전체를 유기적으로 조망하는 가운데 개별 사안에 대한 통찰력을 얻어야 한다는 것이 필자들의 기본적인 믿음이다. 이러한 방법론을 바탕으로 필자들은 김 목사의 인생을 목회–민주화운동–사회복지 사업의 세 가지 영역으로 나누어 제시하고자 했다. 그는 신실한 목회자인 동시에 민주화운동과 사회복지 사업에 헌신한 이력을 갖고 있기 때문에 그의 생애에서 두드러지게 나타나는 이러한 특징들을 정리하면서 그것들을 균형감 있게 바라보고자 했다. 또한, 김 목사 자신이 처한 시대적 상황 속에서 어떤 판단을 하고 또 어떤 행동을 했는가도 드러내고자 했다. 의미를 과도하게 부여하기보다는 오히려 절제하면서 그가 처했던 상황과 그의 삶에 개입된 하나님의 섭리의 역사를 있는 그대로 진술하려고 시도하였다.

책의 내용을 간략하게 소개하자면, 먼저 I 부에서는 김정웅 목사의 출생에서 신학 수업까지 인생 전반부를 살펴보았다. 그의 고향과 학창 시절, 군복무, 결혼과 신학교 입학, 전도사 시절 등을 소개했다. 특히 그가 중병을 얻어 기도하는 가운데 목회의 길로 들어서는 장면에서 무언가 형언할 수 없는 하나님의 섭리의 손길을 느낄 수 있을 것이다. II

부에서는 1980년대 명암교회에서 이루어진 김 목사의 목회 사역을 추적했다. 그의 역동적인 사역 모습을 그대로 전달하려고 노력하였다. III부는 그의 민주화운동에 지면을 할애했다. 여기서는 김정웅 목사를 중심으로 한 1980년대 충북지역 민주화운동을 자세하게 다루었다. 이 부분은 김정웅 목사 생애의 가장 소중한 추억이 될 것이라 본다. IV부는 다시 1990년대와 2000년대의 목회 사역, V부는 그의 1990년대 민주화운동을 조명하였다. 마지막으로 VI부는 김 목사의 2000년대 시민운동과 사회복지 사업을 함께 소개했다. 부록은 감사패, 공로패, 위촉장을 함께 모았다. 그 내용을 하나씩 읽어 보면 그의 삶이 어떠했는지를 보여주기 때문에 귀한 자료로 여겨 이 책에 실었다.

이 책이 나오기까지 도움을 주신 분들께 감사드린다. 먼저, 이 책의 출판을 후원해 주신 기독공보사 사장 김휴섭 장로님께 감사드린다. 그분의 격려와 관심이 없었더라면 이 책은 나올 수 없었다. 또한, 증언과 자료수집에 기꺼이 응해 주신 분들께도 감사드린다. 이 분들의 이름은 이 책의 본문에 나와 있기 때문에 여기서는 언급하지 않겠지만, 복음의 동역자로서 김 목사님과 함께한 그들의 증언은 귀한 자료가 되었다. 증언을 해 주실 더 많은 분들이 있었지만, 시간적 제약 때문에 제한할 수밖에 없었다. 아무쪼록 이 책이 김정웅 목사님의 개인사를 넘어서 충청지역 교회사와 청주지역 민주화운동사 및 기독교사회복지사 연구에 기여하기를 바란다.

2010년 4월

필자 일동

차례

Ⅳ부 | 1990~2000년대 목회 사역

Ⅴ부 | 1990년대 민주화운동

I 부
출생에서 신학 수업까지

1장
고향, 학창시절, 군복무

목회자가 목회를 열심히 하면서 사회 참여를 적극적으로 한다는 것은 쉽지 않다. 사회 참여 중에서도 민주화운동, 시민운동, 사회복지 사업 등 변화하는 시대에 따라 다양한 분야에서 활동한다는 것은 더욱 어려운 일이다. 특히 정치적인 문제와 연관된 민주화 운동에, 그것도 정치적으로 보수적인 태도를 견지하는 예장 통합 교단 소속의 목사로서 1980~90년대 정치적 민주주의 운동에 적극적으로 참여한다는 것은 더더욱 어려운 일이다. 교단의 지도지들이 군인들올 동원해 무력으로 정권을 잡은 사람들을 위해 기도회를 열 때 그 정권을 부정하면서 민주화를 외친다는 것은 당시로서는 "매우 위험한 목회자"로 낙인찍히는 일이었다. 또한, 1990년대 한국의 민주화가 어느 정도 성취된 뒤, 사회 참여를 한 많은 목회자들이 목표 의식을 잃어버리고 방황할 때, 그리고 대부분의 도시 교회들이 대형 교회를 꿈꾸며 교세를 확장할 때 목회의

광양남부교회 고등부 시절
지도전도사님과 함께

영역을 사회복지 사업으로 돌린다는 것 역시 쉽지 않은 일이었다. 그러나 이러한 쉽지 않은 길을 택한 사람이 있다. 청주의 김정웅 목사이다. 그는 목회자로 일선 목회에 충실하면서, 민주화운동가로, 시민운동가로, 사회복지사업가로 쉽지 않은 삶을 살아왔다. 한국 사회가 변화함에 따라 시대가 요청하는 다양한 목회적 부름에 응답한 것이다.

김정웅 목사는 일제 강점기인 1941년 12월 15일(음력 11월 8일) 전라남도 광양군 광양읍 초남리 477번지에서 태어났다. 지금은 전라남도 광양시에 속해 있는 김 목사의 고향 초남리는 원래 사람들의 왕래와 물품의 교류가 활발하였던 광양의 유명한 포구 가운데 하나였다. 당시 광양만에는 8곳의 유명한 포구가 있었다. 초남포(광양읍 초남리)와 더불어 염포(황금동 영포), 상포(황금동 금곡), 하포(황길동 하포), 망개포(성황동 대화), 광포(광영동), 선포(진월면 선소), 구포(진월면 구동) 등이었다. 이 중 초남포, 염포, 상포, 하포, 망개포는 광양항 컨테이너 부두 건설로, 구포는 섬진강 제방 설치로 사라져, 지금은 광양 8포구 중 광포와 선포만이 남아 있다. 김 목사는 광양 8포구 중의 하나인 초남포에서 태어난 것이다.

광양이란 이름은 고려 시대부터 사용되었다. 백제 시대에는 마로(馬老), 통일신라 시대에는 희양(曦陽)이라 불렀던 이곳을 고려 태조 23년(940)에 '따뜻한 햇볕 고을' 혹은 '밝은 고을'이란 의미의 광양(光陽)이라고 고쳐 불렀고, 오늘날까지 사용되고 있다. 한국 역사에 있어서 광양이 크게 부각된 것은 임진왜란 때이다. 정유재란이 끝나 갈 무렵인 1597년 11월부터 1598년 11월까지 1년 동안 이순신 장군이 명나라 수군과 함께 해상 봉쇄 작전을 펴서 고니시 유키나가(小西行長)가 이끌던 왜병 1만 3천 명을 무찌른 일이 있는데 그 장소가 바로 광양만이었다. 당시 고니시가 거느린 왜군은 순천시 해룡면 신성포에 머무르면서 본국인 일본으로 돌아갈 기회를 엿보고 있었다. 그들은 이순신 장군이 광양만 해상을 봉쇄하자 꼼짝없이 갇히게 되었던 것이다. 그러나 고니시는 명나라 장수에게 뇌물을 주고 끝내 노량으로 달아나고 말았다. 이순신 장군은 이에 대한 정보를 미리 알고 경남 남해군 노량 앞 바다에 진을 치고 퇴로를 막음으로써 큰 싸움이 벌어지게 되었다. 이 노량해전에서 이순신 장군은 전사했다. 이순신 장군에 의해 해상봉쇄가 이루어졌던 1년 동안에 광양만에서는 크고 작은 싸움이 여러 차례 벌어졌다. 이에 대한 증거로 광양만 연안에는 임진왜란 당시 군량미를 쌓아 두었던 창고 터가 곳곳에 있으며, 소섬, 염소섬, 나팔섬, 북섬 징골, 통사촌 등 전장과 관련하여 붙여진 지명들이 많이 있다. 또한 광양만의 해상 교통로는 1900년대 초기까지만 해도 섬진강을 거슬러 올라가 하동의 화개 장터와 구례, 곡성 등 내륙 깊숙이 연결되었다.

김정웅 목사는 임진왜란이 펼쳐졌던 광양만의 포구 마을에서 부친 김영윤과 모친 김판엽의 3남 1녀 중 막내로 태어났다. 경주 김씨였던 부친은 농사를 지으면서 인근 광산에서도 일했다. 그러나 불행하게도 그의 부친은 김 목사가 3살 때 폐렴으로 세상을 떠나고 말았다. 그리하여 김 목사는 홀어머니 슬하에서 누나와 형들 틈에 어린 시절을 보냈다. 그의 어린 시절이 어렵고 힘들었다는 것은 두말할 필요도 없다.

김 목사는 6·25 전쟁이 한창 치열하던 1951년 3월, 11세에 광양읍에 소재한 광양남초등학교에 입학했다. 1935년 광양공립보통학교 부설 간이학교로 시작한 이 학교는 그 후 1943년 광양남공립국민학교로 정식 개교했고, 김 목사가 다니던 시절에는 광양남국민학교로 불렸다. 김 목사는 1957년 2월 초등학교를 졸업한 후 그해 3월 광양중학교에 입학했다. 1946년 4월 문을 연 광양중학교는 당시 광양의 유일한 중학교였다.

김 목사는 중학교 때에 교회에 처음 나가게 되었다. 그는 둘째 형의 인도로 광양읍 익신리에 있던 광양남부교회에서 신앙생활을 시작했던 것이다. 그의 고향 광양은 남장로교 선교 구역으로 한국 기독교 역사 초창기인 1900년대 초부터 선교가 시작되었던 곳이다. 광양에 복음이 처음 들어오게 된 것은 광양군 신황리 출신 한태원을 통해서였다. 한태원은 전남 승주 출신의 조상학에게 전도를 받고 광주 양림교회를 왕래하면서 선교사 오웬(Clement C. Owen, 한국명: 오기원)에게 그리스도의 도리를 배우다가 1907년 자신의 서재에 신황교회를 세웠다. 이때 참여하여 기독교인이 된 사람들로는 박희원, 서병준, 허준규 등이었다. 이 중 서병준은 1908년 자신의 동리에 웅동교회를 설립했다. 또한, 그해 가을에는 광양읍에도 교회가 세워졌다. 당시 광양을 포함한 전남 동부 지역은 미국 남장로교 선교사 코잇(Robert T. Coit, 한국명: 고라복)이 담당하고 있었는데, 그는 1908년 9월 읍내리 목조 건물을 매입하여 광양읍교회를 시작했다. 한편, 한태원에게 복음을 전한 조상학은 1919년 광양읍교회 조사(助事)로 부임하여 1923년까지 시무하였고, 6·25전란 중인 1950년 9월 여수 애양원의 손양원 목사와 함께 순교하였다. 이와 같이 선교 초기부터 기독교의 영향을 받았던 광양지역 기독교 역사의 흔적은 지난 2008년 5월 문을 연 광양기독교선교100주년기념관에서 찾아볼 수 있다.

1960년 광양중학교를 졸업한 김 목사는 같은 해 3월 순천농림고등학교 임학과에 입학했다. 1935년 지역 재산가였던 우석 김종익 선생에 의해 순천공립농업학교로 출발한 이 학교는 1951년 9월 순천농림고등학교로 바뀌었고, 1965년 5년제의 순천농림고등전문학교를 거쳐 오늘의 순천대학교로 발전했다. 김 목사가 재학하고 있던 시절 순천농고는 농업 분야에 좋은 직장이 많았던 시절로, 지역의 인재들이 많이 몰렸었다. 그는 집에서 40리 길의 학교를 자전거로 통학하다가 나중에는 자취와 하숙을 하면서 다녔다.

1963년 2월 순천농고를 졸업한 김 목사는 그로부터 1년 6개월 뒤인 1964년 8월 육군에 지원 입대하였다. 그의 나이 23살 때의 일이었다. 비교적 평범한 학창 시설을 보냈던 그에게 군 입대는 새로운 삶의 시작이었다. 논산에 있는 육군 제2훈련소 30연대에서 훈련을 마친 김 목사는 공병 병과에 배치되어 김해 공병학교에서 6주간 공병교육을 이수한 후 부산군수기지사령부 제217공병대대에서 근무를 시작했다. 후방이었던 부산에서 군대생활을 비교적 편하게 마칠 수도 있었지만, 당시 남북으로 갈리어 전쟁 중이던 베트남 근무를 지원하였다. 외국 생활에 대

한 동경과 베트남에 가면 월급을 많이 받을 수 있다는 기대가 그를 전쟁
터로 가게 했던 것이다. 김 목사는 강원도 오음리에서 교육을 받고 월
남으로 파견되어 베트남 중부 퀴논(Qui Nhon)의 맹호부대 공병대대에
서 근무했는데, 주로 도로 건설 사업 등 대민 봉사 임무를 맡았다. 그렇
게 22개월의 월남 근무를 포함하여 모두 4년 5개월 동안의 군 복무를
마치고 제32사단에서 병장으로 만기 제대하였다. 그때 그의 나이는 28
세였다. 김 목사는 월남 근무 시 받았던 봉급을, 물론 많은 것은 아니었
지만, 어머니에게 보내 가정 경제에 도움이 되게 했는데, 집에서는 그
돈으로 논을 샀다고 한다.

2장
결혼과 신학교 입학

군복무를 마친 김 목사는 대전 대홍동에 있는 누님 댁에 살면서 취직했다. 매형은 당시 대전 육군병참학교 장교로 근무하고 있었다. 대전 생활은 그의 인생에 커다란 전환점이 되었는데, 그것은 바로 평생 반려자를 만난 것이었다. 그는 누님과 함께 동네에 있는 대홍교회에 출석하고 있었다. 그런데 그 교회 최웅진 권사가 금산군 보건소에 근무하고 있던 장숙여 간호사를 평생 반려자로 소개했다. 최웅진 권사는 김 목사를 잘 알고 있었을 뿐만 아니라 장 사모의 집안과도 교분을 맺고 있었다. 김 목사와 장 사모 두 사람은 1969년 4월 26일 장인어른이 장로로 시무하시던 군산감리교회에서 결혼식을 올렸다. 군산에서 결혼한 두 사람은 신혼여행을 충북 보은에 있는 속리산으로 갔는데, 이때 구두를 신고 문장대까지 올라간 일은 오래도록 추억으로 남아 있다. 장 사모의 부친은 원래 황해도 은율군 일도면에 살았는데, 6·25 때 가족과 함께

수당교회 목회시절 대전신학교 졸업식
때 가족과 함께

전북 군산으로 피난을 와서 정착을 했다.

김 목사의 고향인 광양이 선교 초기부터 복음이 전파된 것처럼, 장 사모의 본가가 있던 황해도 은율(殷栗) 역시 그러했다. 고구려 때 율구군(栗口郡)으로 설치된 이곳은 고려 태조 23년(940) 율구를 은율로 개칭한 후 1909년 이웃 장연군(長連郡)을 합하여 지금에 이르고 있는데, 19세기 말에 이미 복음이 전파되었다. 즉, 1895년 무렵에 언더우드(Horace G. Underwood, 원두우)와 리(Graham Lee, 이길함) 선교사가 이곳을 순행하면서 복음을 전했고, 그 뒤 북장로교 선교부의 재령 스테이션(1898년 개설)에 소속된 선교사들(Koons/군예빈, Kerr/공위량, Baird/배의림)이 은율군 교회들을 담당하였다. 장 사모의 가족이 살았

던 일도면에는 1905년 창립된 누리교회와 구양리 장양동의 장양교회
(1925년) 그리고 장통리의 장통교회(1935년) 등이 있었다.

장숙여 사모는 장흥철 장로와 홍정희 권사 사이에서 4남 2녀 중 장녀
로 태어났다. 그는 군산 개정간호학교(현 군산간호대학)를 마치고, 부산
일신부인병원에서 조산원(산파) 자격을 취득하였다. 부산 일신부인병
원(현 일신기독병원)은 1952년 호주 선교사 헬렌 맥켄지(Helen P.
Mackenzie)와 캐서린 맥켄지(Catherine M. Mackenzie) 자매에 의해 일
신부인병원으로 문을 열었던 곳이다. 두 자매의 아버지 맥켄지(James
N. Mackenzie)는 1910년 내한한 이래 1939년까지 부산 감만동의 상애
원(相愛園)을 중심으로 나환자 사역에 헌신한 선교사였다. 헬렌은 맥켄
지의 큰 딸로 평양외국인학교와 멜버른 대학교 의대를 졸업한 산부인
과 의사였고, 동생 캐서린은 간호사였다. 두 자매는 6·25전쟁 중 고통
당하는 부인들을 위해 부인병원을 열었던 것이다. 일신부인병원은
1962년부터 조산원 수습교육을 실시하고 있었다.

김 목사 부부의 신혼살림은 장 사모의 직장이 있던 금산에서 시작되
었다. 그러나 이들의 신혼생활은 순탄하지 않았다. 결혼 얼마 후부터
김 목사의 등뼈 부분이 아파 오기 시작하면서 고난이 닥친 것이다. 그
전까지 학창시절과 군 생활 동안 감기 한 번 앓아 본 적이 없는 김 목사
였다. 통증이 심해져 대전 대흥동의 충남도립병원에 가서 진찰을 받은
결과 척추신경이 마비되어 수술로도 치료할 수 없다는 진단 결과가 나
왔다. 너무나 큰 충격이었다. 담당 의사는 진통제 처방전을 끊어 주면
서 장 사모에게 부인이 간호사이니 몹시 아플 때마다 놓아 주라고 말했
다. 젊은이가 참 안됐다는 이야기도 곁들였다. 당시 김 목사의 나이는
스물아홉이었다.

이것이 김 목사의 삶에 찾아온 첫 위기였다. 그는 이것을 어떻게 이겨냈을까? 성서의 많은 위인들이 고통 속에서 하나님을 만난 것처럼, 김 목사도 이러한 위기 속에서 하나님을 만나는 체험을 하게 되었다. 위기 극복을 위해 김 목사가 선택한 방법은 생사를 건 금식 산 기도였다. 모포 1장과 점퍼를 준비하여 대전 보문산 인적이 없는 곳에 들어가 하나님께 매달렸다. 그는 그 무서웠던 무인(無人) 산 기도를 아직도 잘 기억하고 있다. 깊은 가을 무렵이라 밤에는 추웠다. 거기서 김 목사는 "하나님이 살아 계심을 보여주시옵소서." "능력의 하나님이라면 치료하여 주옵소서."라고 기도했다. 명료하고 간단한, 그러나 애절한 부르짖음이었다. 기도한 지 5일째 되는 날 성령의 능력이 그에게 임했다. 방언이 터지면서 통증이 가라앉고 건강이 회복되었다.

산에서 내려오니 이번엔 금산의 새댁 장 사모의 건강이 문제가 되었다. 원래는 자궁외 임신이었다. 그런데 금산외과병원에 입원하니 식중독이라고 주사를 놓아 주었다. 하지만 시간이 갈수록 얼굴이 창백해졌다. 신랑 김 목사는 새댁을 택시에 태우고 부리나케 대전으로 향했다. 32km의 비포장도로에서 장 사모는 큰 위기를 맞았다. 대전의 도립병원에 도착해 들처 업고 뛰어 들어갔더니 응급실에서는 죽은 사람이라고 했다. 이미 몸이 굳어 가고 있었다. 사모의 후배 간호사들이 알아보고 거꾸로 매달아 손발과 몸을 마사지하고, 신속하게 수혈을 했다. 그리고 이어서 혈액 7병을 수혈하는 큰 수술을 통해 소생하게 되었다. 담당 의사는 난소에 결핵이 생겨 임신이 불가능하다고 판정했다. 하지만 부부가 그 문제를 두고 기도하는 중에 장 사모는 다시 임신을 하게 되었다. 한숨 돌렸다고 생각했다.

그런데 또다시 김 목사에게 척추신경마비가 찾아왔다. 심한 통증 가운데 도립병원을 다시 방문하니 전에 아팠던 부분이 나았다가 재발했다는 진단이었다. 김 목사는 다시 보문산으로 올라갔다. 이번에도 역시 목숨을 건 기도였다. 여기서도 또 하나님의 은혜로 치료받았다. 병원에서는 세 번째 발병하면 죽는다고 경고했다. 김 목사는 그때 뭔가 자신이 결단을 해야 한다고 여겼다. 그 후에 김 목사는 항상 뒤에서 이상한 느낌을 받았다. 뭔가가 뒤에 있는 느낌. 죽음의 그림자 같은 것. 그 불안함과 씨름해야만 했다.

1970년 8월 23일 딸아이 신애가 태어났다. 하나님께서 주신 아름다운 선물이었다. 그리고 김 목사는 며칠 뒤인 1970년 9월 개인적으로, 가족적으로 전혀 상상해 본 적이 없는 신학생이 되었다. 대전신학교에 입학한 것이다. 고난과 죽음에 이르는 병으로 하나님의 은혜를 받아 삶의 방향이 바뀌게 된 것이다. 그의 나이 서른 살 때의 일이었다.

신혼 초에 겪었던 이러한 극적인 체험은 그 후 김 목사의 인생과 목회의 원동력으로 작용했다. 죽음 직전까지 내몰리면서 체험했던 구원의 손길은 그를 담대하게 만들었고, 살아 계신 하나님의 능력을 의탁하게 만들었다. 장 사모는 성령 체험을 통해 신학생이 된 남편의 용기를 북돋우며 보건소에 근무하고 남편의 학비를 댔다.

김 목사는 1970년 9월 1일 대전 오정동에 있는 대전신학교(현 대전신학대학교)에 입학하여 1973년 12월 4일 17회로 졸업했다. 그가 신학수업을 받은 대전신학교는 1954년 대전야간신학교로 개교했다. 1892년 한국 선교를 시작한 미국 남장로교 선교부는 해방 이전까지는 주로 호남에서 선교했다. 해방이 되자 남장로교 선교사들은 대전 오정동 일대의 땅을 매입하고, 신학교와 선교사자녀학교 그리고 대학을 세웠다. 그전에 남장로교 한국선교부는 다른 장로교 선교부들과 함께 연합으로 대학(숭실)과 신학교(평양신학교) 그리고 선교사자녀학교(평양외국인학교)와 병원(세브란스)을 운영하였지만, 2차 세계대전 이후 정책을 바꾸어 신학교와 대학 등을 단독으로 운영하고자 하였다. 대전신학교는 바로 그러한 선교 정책의 산물이었다. 대전신학교의 초대 교장은 장로교 총회장을 세 차례 역임했던 이자익 목사였고, 김정웅 목사 재학 중에는 이디모데 목사가 6대 교장으로 재임하고 있었다. 당시 신학교 교수진은 최병극, 김문호 목사와 대전 시내 교역자들로 김만제(대전제일교회), 소찬영(삼성교회), 김병연(동대전교회) 목사 등이었다.

3장
전도사 시절

김정웅 목사의 목회는 대전신학교에 입학한 지 두 달 만에 시작되었다. 신학교 초년생이었던 그가 1970년 11월 충북 청원군 오창면 각리교회 전도사로 부임한 것이다. 현재 그곳은 오창과학연구단지가 들어서 있어 주변이 몰라보게 변했지만 당시는 한가로운 시골 마을에 불과했다.

충청북도에 복음이 전래된 것은 1901년 무렵이었다. 청주 인근 청원군 강서면 신대리(현 청주시 흥덕구 신대동)에 살던 해주 오씨들이 경기도 남부 죽산 둠벙리교회 사경회에 참석했다가 예수를 믿고 신대리 오천보(吳天甫)의 집에서 예배를 드리고 교회를 시작했던 것이다. 1904년에는 청주 남문밖에도 교회가 설립되었는데, 지금의 청주제일교회이다. 김 목사가 부임한 각리교회는 그 이듬해인 1905년 창립되었다. 그해는 북장로교 선교사 밀러(Frederick S. Miller, 한국명: 민로아)에 의해 청주에 스테이션(station, 선교 거점)이 설치되어 사방으로 복음이 확장되어 가던 무렵이었다. 먼저 전종갑 씨가 오창면 양청리(회암)에서 초가집 한 채를 매입하여 전종갑, 전종원 씨 두 가정이 예배를 드리다가 1906년 4월 오창면 각리(궁전)에 초가 3동을 매입하여 전종갑, 전종원, 장환복, 오영생 씨 등 네 가정이 모이면서 발전하기 시작했다. 그리고 2008년 3월 각리교회는 설립 103주년 기념 부흥사경회를 개최한 바 있다. 김 목사의 첫 목회지였던 오창 각리교회는 규모는 작지만 이렇게 깊은 역사를 갖고 있었던 것이다.

각리교회에 부임한 김 목사는 1971년 4월까지 6개월 동안 이 교회 담임 전도사로 시무했다. 사실은 교회 직분 경험도 전혀 없는 신학교 초년생이 교회를 담임한다는 것은 어려운 일이었다. 불과 몇 달 전까지만 해도 전혀 생각하지 못했던 일이라 음식이 소화가 되지 않을 정도로 스트레스를 받아 설사를 자주했다. 그는 비록 6개월이라는 짧은 기간 동안 목회를 했지만, 이를 통하여 현장 목회가 얼마나 어렵고 힘든 것인지를 절절이 깨달았다.

1971년 4월 김 목사는 사역지를 충남 금산군에 있는 수당교회로 옮겼다. 수당교회는 당시 금산읍교회가 제원면 수당리에 개척한 교회였다. 김 목사는 그 교회의 개척 전도사로 부임한 것이다. 장 사모가 금산군 보건소에 근무하고 있었으므로 생활 환경이 훨씬 나아졌다. 김 목사는 그곳에서 신학교 2, 3학년을 다니며 1973년 5월까지 2년 1개월간 시무했다. 그때 수당리 사람들의 생활양식은 한국의 전통적인 무속 신앙에 깊은 영향을 받고 있었다. 태풍이 불어 큰 정자나무가 쓰러졌는데도 누구 하나 손대려고 하지 않았다. 부정을 탄다는 이유에서였다. 그러나 김 목사는 쓰러진 나무를 가져다가 겨울에 땔감으로 썼다. 또한, 당시

금산 수당교회 개척 시절

는 새마을운동이 한창이었는데 마을에 길을 내기 위해 변소를 뜯어내야 했지만, 동네 사람들은 이를 주저했다. 변소 잘못 건드리면 재앙이 온다는 속설 때문이었다. 김 목사는 그런 일에 주저하지 않았다. 또한, 김 목사는 교인들과 함께 마을 일에 앞장서서 참여했다. 그러자 교회로 사람들이 서서히 몰려오기 시작했다. 그리하여 개척 3년 만에 교회당과 사택을 지었다. 신학과 목회를 병행하는 몹시 분주한 일상이었지만 김 목사는 자신의 길을 하나님께서 인도하신다는 확신 가운데 지냈다.

김 목사의 세 번째 사역지는 인근에 있는 군북교회였다. 충남 금산군 군북면에서 1919년 창립된 군북교회는 당시 장로 한 분과 권사 다섯 분의 헌신으로 자립하고 있던 교회였다. 김 목사는 이곳에서 1975년 8월까지 2년 3개월간 전도사로 재임했다.

여기서 김 목사가 사역했던 금산군 기독교의 역사를 간단하게 살펴보기로 한다. 금산 기독교의 시작은 미국 남장로교 전주스테이션 소속 선교사들의 활동과 밀접하게 관련되어 있다. 금산군이 장로교 일색의 기독교 전통이 수립된 것은 바로 이 지역이 남장로교 선교 구역이었기 때문이다. 1904년 선교사 매커첸(Luther O. McCutchen, 한국명: 마로덕)이 금산과 진산을 포함한 전주 동북지역의 선교를 담당하기 시작했다. 그 결과 1906년경 지방동교회와 금산읍교회가 설립되었다. 1909년 장로교의 호남지역 치리 기구인 전라대리회(全羅代理會, 전라노회의 전신)는 이곳을 '금산지방'으로 호칭하면서 선교 활동을 더욱 강화해 갔다. 그 결과 1923년 금산군에는 모두 17개의 장로교회가 설립된 것을 확인할 수 있다. 그 가운데 1919년 설립된 군북교회가 포함되어 있다. 1956년 금산의 교회들은 전북노회에서 대전노회로 그 소속을 바꾸어 남부시찰로 편성되는데, 그때 군북교회의 당회장은 금산읍교회의 변경환 목사였고, 전병준 장로가 교회를 대표하고 있었다. 당시 교회들의 규모를 짐작할 수 있는 교회별 노회 배당금 액수를 보면, 금산읍 25,000원, 금성 12,000원, 신촌 10,000원, 수영 9,000원, 군북 9,000원, 지방 6,000원, 진산 5,000원, 경당 4,000원, 초현 3,000원, 제원 3,000원, 비례 3,000원의 순이었다. 이것은 군북교회가 금산군 교회들 가운데 중간 규모를 유지하고 있었다는 것을 보여준다.

김 목사는 군북교회 전도사 시절인 1973년 12월 대전신학교를 졸업했다. 신혼 초 거듭된 병마로 경황이 없는 중에 시작한 신학 수업이었지만 벌써 4년이 흐른 것이다. 그 사이 전도사로 세 번째 교회를 섬기고 있었다. 신학교 졸업 후 김 목사는 바로 단국대학교 문리과대학 사학과 3학년에 편입했다. 신학을 하면서 대학 공부를 더 해야겠다는 생각에서였다. 특히 역사학에 대한 관심이 많았다. 그리고 이때의 역사 수업은 그로 하여금 한국근대사를 체계적으로 파악할 수 있는 안목을 심어 주었다. 1980년대 김 목사의 민주화운동 투신은 바로 이런 과정을 통해 준비되고 있었다.

당시 군북교회 중고등부 학생회 회장이었던 김기 목사(현 대전노회 낭월교회 담임목사)는 김정웅 목사(당시 담임전도사)를 이렇게 회상한다.

"김 목사님은 군북교회를 시무하는 동안 사랑의 화신이셨다. 지금 생존해 계시는 교인들은 그를 추억하면 먼저 엷은 미소부터 짓는다. 어느 추운 겨울 새벽기도회 시간에 먼 길을 걸어서 온 교인들의 무릎을 따뜻하게 해 주시기 위하여 밤새 사택에서 덥혀 둔 방석을 일일이 덮어 주는 모습은 잊을 수 없는 감동이었다. 학생 신분이었기 때문에 금요일 교회에 오시면 동네를 돌아다니시며 노인들 위주로 침(針)을 놓아 주며 다가가 전도를 하시기도 했다. 삶의 힘든 문제와 육신의 아픔이 있는 성도들에게는 새벽마다 안수를 해 주시므로 마음을 위로해 주시기도 했는데, 그때 성령의 역사는 교회 내, 외에 큰 파장이었다. 특히, 저의 할머님이 돌아가셨을 때 교역자가 안 계셔서 모두 당황해 했는데 서울에서 공부를 하다가 연락을 받고 교통편이 여의치 않았음에도 밤새 오셔서 다음닐 장례를 집례해 주셨다. 그때 그 고마움과 헌신에 감동이 된 우리 가정은 신앙이 확고해지는 계기가 되었고, 지금도 푸근함을 가슴에 담고 살고 있다. 학생들에게도 체계적인 성경공부를 지도해 주셨는데 우리에게는 처음 겪는 기쁨 그 자체였고, 그때 숙제 형태로 암기시켜 주었던 성경 구절은 지금도 잊지 않고 있다. 그의 열정과 헌신이 담긴 목회는 오고 오는 세대의 목회의 귀감이 될 것이다. 한 영혼에 대한 샘

숫는 사랑과 뜨거운 가슴을 가지신 목사님의 사랑을 배우고 싶다.”

김정웅 목사가 군북교회에서 시무할 당시 그 교회 집사였던 김수영 목사(현 효성영광교회 담임목사)는 그의 사역을 다음과 같이 기억한다.

“제가 김정웅 목사님을 처음 만난 것은 1972년 대전신학교에 입학하면서 부터였습니다. 그때 김정웅 목사님은 저보다 2년 전에 입학하여 3학년에 재학 중이었고, 금산군 제원면 수당리에 소재한 수당교회에 전도사로 시무하고 계셨습니다. 그 당시 저는 고향인 금산에 살고 있었기 때문에 김정웅 전도사님과 쉽게 가까워질 수 있었습니다. 그 후에 몇 차례 집에까지 초청을 받아 많은 정담을 나눌 수가 있었습니다. 처음 만날 때부터 외모에서 풍기는 푸근함과 유난히 친절하고 자상한 성품이라서 저는 마치 친형님을 만난 것 같았습니다. 그 후 학교생활에도 많은 도움을 받았습니다. 저에게뿐만 아니라 학교에 있는 동안에 주변 동료들에게 많은 존경을 받았으며, 후배들에게도 아주 친절히 잘 대해 주셨습니다.

그 당시 전도사님으로 시골에 아주 작은 교회를 섬기고 있는데도 언제나 활기가 있고, 자신감이 있어 만나서 함께 이야기를 나눌 때마다 앞으로 목회자로서 크게 성공할 것이라고 기대를 갖게 되었습니다. 그러던 차에 저의 모교회인 군북교회에 목회자가 공석이라서 목회자를 모셔야 하겠기에 김정웅 전도사님 같은 분을 모셨으면 좋겠다는 생각이 들어서 교회와 의논하여 김정웅 전도사님을 군북교회 전도사님으로 모시게 되었습니다.

저는 그 당시 군북교회에 집사로 있었기 때문에 김정웅 전도사님을 더욱 가까이 할 수 있었습니다. 김정웅 전도사님은 가까이 하면 할수록 더욱 신뢰가 가고 변함이 없는 믿음직스러운 분이었습니다. 저의 모교회인 군북교회는 그 당시 이농현상으로 오는 많은 어려움이 있었습니다. 그러나 조금도 어렵다고 하는 내색 없이 비록 농촌 교회지만 짧은 기간 동안에 많은 성장을 할 수 있었습니다. 특별히 가난하고 소외된 사람들을 절대로 그냥 돌려보내지 않으시고 잘 돌보아 주셨으며, 농촌에 어르신들을 잘 공경하여 주변 사람들에게 참으로 예의가 바른 분이라고 칭찬을 많이 받았습니다.

본인은 저금통장 하나 제대로 갖지 않는 청빈한 생활을 하면서 어려운 사람들을 위해서는 아낌없이 다 주시는 인정이 많으신 분이었습니다. 평상시 아주 부드럽고 온유한 성품인데도 불구하고 불의한 것을 조금도 용납하지 않는 분이었으며, 의리가 많으신 분이었습니다.

또 제가 기억하기로는 학구열도 대단하신 분이라고 생각합니다. 대전신학교를 졸업한 후 훌륭한 목회자가 되려면, 인품이 좋아야 하지만, 그에 못지않게 실력도 있어야 한다고 하시면서 일반대학에 편입하여 멀리 서울까지 다니시면서 공부하시던 모습을 지금도 잊을 수가 없습니다.

그 후에 제가 목회하기 위하여 고향을 떠남으로 김정웅 목사님과 서로 떨어져 가까이 할 수는 없었지만, 멀리서나마 항상 교제할 수 있었으며, 당진교회를 거쳐 청주 명암교회에 오셔서 교회를 크게 성장시키고, 사회봉사를 많이 한다는 소식을 들었습니다.

제가 만난 김정웅 목사님은 참으로 외유내강(外柔內剛)하신 분이십니다. 누구에게나, 빈부귀천을 막론하고 차별 없이 아주 친절하고 부드럽게 대하시는 분입니다. 분명한 신념이 있어 절대로 불의와 타협하지 않는 강하고 정의로우신 분입니다. 제 인생길에 김정웅 목사님과 같은 존귀한 분을 만날 수 있게 됨을 영광으로 생각하며, 하나님께 감사드립니다."

군북교회 전도사로 시무하며 단국대를 바삐 오가던 1975년 부인 장 사모가 당진군 보건소로 발령이 났다. 당시 당진교회는 목회자가 떠나고 비어 있었다. 고심 끝에 김 목사는 당진교회에 이력서를 냈다. 당진읍 소재지에 있던 교회였지만 당시 당진교회는 미자립 상태였다. 김 목사는 1975년 9월 3일 당진교회 전도사로 부임했다. 결혼 후 7년 동안 살던 정든 금산 땅을 뒤로 하고 당진에서 목회 사역을 시작하게 된 것이다. 김 목사는 자신의 목회 여정에서 당진 시절이 가장 신나고 은혜로웠다고 기억하고 있다.

원래 당진은 감리교의 선교 구역이었다. 1897년 인근 덕산에 면천 군수를 역임한 류제에 의해 감리교 계통의 신앙공동체가 세워진 것을 시발로 해미-덕산 지방에는 1905년 벌써 150가정 700여 명의 감리교인들이 있었다. 1907년 남장로교와 북감리교 선교부 사이에 체결된 선교지역 분할협정에서 남장로교는 서천-보령 일부-부여 일부를 제외한 충남 전 지역의 선교권이 북감리교에 있음을 인정했다. 그만큼 충청남도는 선교 초기부터 감리교가 열심히 전도한 곳이었다. 당진읍감리교회가 세워진 것은 1927년경이었다. 1926년 감리교의 홍성지방 전도대는 서산, 당진 등 두 지역을 순회 전도하면서 당진읍에 교회를 설립하고자 시도하였다. 그리고 당진읍감리교회는 1928년 건축헌금을 시작하여 1934년 무렵 예배당을 헌당하였다. 그 외에 당진군에는 1922년 예배당을 봉헌한 합덕교회, 1929년 예배당과 사택을 건축한 면천교회, 1939

년 총공사비 1,300여 원을 들여 예배당을 지은 삼화리교회, 그리고 고산리교회, 기지시교회 등 강력한 감리교회들이 해방 이전에 존재하고 있었다. 당진의 이러한 특성 때문에 당진군을 한국감리교의 중심지라고 부르는 것이다.

김정웅 목사가 1975년 9월 3일 부임하여 1980년 5월 2일 청주 명암교회로 떠날 때까지 4년 8개월 동안 시무한 당진교회(당진읍 읍내리 270번지 소재)는 1954년 11월 12일 창립되었다. 1953년부터 당진에서 개척 전도를 하고 있던 김영생 목사의 활동과 서울 영락교회의 지원이 설립 배경이었다. 이에 더하여 양재학원을 운영하고 있던 권중욱 씨가 받은 은혜에 감사하여 학원을 예배당으로 제공하였다. 창립 직후 교인들이 어느 정도 모이게 되어 장년 40여 명과 아동 50여 명이 되었다. 그 후 이희전, 박철순, 손청, 유재기 목사 등이 당진교회의 교역자로 목회했다.

당진교회 부임 이후 김 목사는 1976년 2월 단국대 사학과를 졸업하고 바로 장신대 목회학과에 입학하여 1년간 수학하였다. 이 과정은 목사 안수를 위해 교단에서 요구하는 필수 교육 코스였다. 장신대를 마친 김 목사는 1977년 10월 4일부터 사흘간 예산교회당에서 개최된 제57회 충남노회에서 목사고시에 합격했다. 그리고 그 사이인 1977년 4월 김 목사는 교회에 당진새마을금고를 창립하고 이사장을 맡았다. 그의 본격적인 사회사업은 이렇게 시작되었다. 1970년부터 시작해 7년 동안 학업과 목회를 병행해야 했던 김 목사는 37세 되던 1977년부터 목회에 전념할 수 있는 환경이 마련되었다. 그때부터 도움을 받기만 하던 당진교회의 성장이 시작되어, 곧 다른 교회에 도움을 줄 수 있는 교회로 발전했다.

군북교회 시절 교우들과 함께

당진교회 손인교 장로는 당시 김정웅 목사의 목회를 다음과 같이 회
고했다.

"제가 존경하고 사랑하는 김정웅 목사님은 가장 짧은 기간을 이곳 당
진장로교회에서 시무하시면서도, 우리 교우들의 신앙생활에 가장 많은
영향을 준 목사님입니다.

90여 평의 초라한 성전에, 50명도 못 되는 교우들이 새로운 목자를
기다리고 있던 1975년 9월 목사님께서 당진장로교회에 부임하셨습니
다. 목사님이 교회의 부흥과 발전을 위하여 혼신의 노력을 하실 때, 죽
어 가는 교인들이 신앙심을 회생시키고 쉼 없는 전도를 통하여 교회가
부흥했습니다. 목사님은 사회에 대한 교회의 역할도 강조하시면서 교
회 내에 신용협동조합을 창설하시고 교인들에게 상부상조의 정신에 입

각하여 자금의 조성과 이용을 통하여 경제적·사회적·문화적 지위를 향상시키자고 외치셨습니다. 신용협동조합은 오늘날 회원 20,000명에 1,000억 원을 자랑하는 최우수 조직체로 성장했는데, 김 목사님이 바로 그 뿌리이자 원동력을 제공한 분입니다.

그러나 목사님이 아무런 예고도 없이 갑자기 사임하시고 1980년 5월 2일 당진장로교회를 떠나실 때, 온 교우들이 모여서 너나없이 모두가 아쉬움의 눈물을 흘렸습니다. 목사님은 설교하실 때의 말씀과 평소의 언행이 다르지 않고, 쉼 없이 교인을 살피시고 기도하셨는데, 이렇게 신뢰가 두터운 목사님의 모습 때문에, 교인들 모두가 사임을 눈물로 아쉬워했고 목사님도 교우들의 눈물을 보시고 함께 울면서 떠나셨습니다."

손 장로는 매주일 강단에서 선포되는 김 목사의 설교에 깊은 감명을 받았다. 그는 김 목사의 설교 중 다음 내용을 기억했다.

"목사님의 설교 중 '믿음이란 무엇인가?'라는 제목의 말씀이 기억나는데, 히브리서 11:1~3절, 즉 '믿음은 바라는 것들의 실상이요 보지 못하는 것들의 증거니 선진들이 이로써 증거를 얻었느니라. 믿음으로 모든 세계가 하나님의 말씀으로 지어진 줄을 우리가 아나니 보이는 것은 나타난 것으로 말미암아 된 것이 아니니라.' 는 성경 말씀을 봉독하시고 믿음의 정의는 '바라는 것들의 실상이요 보지 못하는 것들의 증거' 라고 자세히 설명하셨습니다. 그리고 믿음의 근거로 '예수님께서 우리들의 죄를 대속해 주셔서 예수를 믿으면 구원을 얻을 수 있다.' 는 사실, 믿음의 정의와 근거를 확실하게 알고, 실질적인 신앙생활을 해야 한다고 권면하셨습니다. 또한, 주일학교 학생들에게 다니엘 제2장을 중심으로 다니엘과 사드락과 메삭과 아벳느고 등 네 청년이 하나님의 계명을 잘 지키고 실천하여 큰 복을 받은 사실을 재미있게 말씀하실 때, 절대적인 감명과 감화, 그리고 그 말씀이 지금까지 신앙생활에 큰 도움이 되고 있는 사실을 고백합니다.

손인교 장로는 자신의 신앙생활에 대해 김정웅 목사가 권면한 내용도 회고했다.

"직장 때문에 세 번씩이나 교회를 옮기고, 세 곳 모두에서 새로운 성전 건축을 위하여 앞장서서 봉사하면서도 진리에 대한 확신이 부족함을 고백하는 저에게 새벽기도를 권면하시고 금식기도를 권하셨습니다. 끝없는 목사님의 권유로 시작한 새벽기도는 오늘도 저의 신앙생활에 큰 도움이 되고 있으며, 목사님의 권유 때문에 시작한 금식기도가 건강 유지에 큰 도움이 되어, 지금까지 평안을 누리고 있어 항상 김정웅 목사님께 감사한 마음을 간직하고 있습니다."

II^부
1980년대 목회 사역

목사 안수와 명암교회 부임

　　김정웅 목사는 1978년 10월 3일 온양제일교회에서 열린 제59회 충남노회에서 목사 안수를 받았다. 신혼 초의 거듭되는 병고에 시달리던 그는 주님의 놀라운 임재를 경험하면서 목회자가 되기로 결심하였고 준비 과정을 거쳐 드디어 목사로 안수를 받게 된 것이다. 그날 함께 안수를 받은 동역자들은 모두 7명으로 김 목사 외에 박영철(평신도훈련원), 정도인(영은교회), 오이근(신리교회), 백남복(미산중앙교회), 송택주(소황교회), 백용복(석곡교회) 목사 등이었다. 김 목사는 계속해서 당진교회를 시무하며 1979년에는 충남노회 서산시찰의 시찰위원으로 활동했다.

　　김 목사가 목사 안수를 받았던 대한예수교장로회(통합) 충남노회는 1970년대 민주화운동과 인권운동에 큰 관심을 가지고 있었다. 당시 노회원이었던 신정교회(충남 서산시 고북면 소재) 길영기 목사는 박정희

정권이 추진한 유신의 부당성을 주장하면서 독재정권과 투쟁하다가 중
앙정보부에 끌려가 심한 고문을 받았다. 길 목사는 그때 받은 후유증으
로 고생하다가 그만 운명하고 말았다.

또한, 창동교회(충남 당진군 석문면 소재) 장로 인치희의 아들 인명진
은 충남노회가 추천한 신학생으로 장신대 신학대학원을 졸업하고 1972
년 10월 제47회 노회에서 목사 안수를 받았다. 인 목사는 긴급조치 위반
으로 김진홍 목사와 함께 구속되었다. 그러자 노회 교육부가 1974년 7
월 주최한 여름성경학교 지도자강습회에 참석했던 주일학교 교사들은
구속 교역자 가족을 위한 기도회를 갖고 6,000원을 헌금하여 가족들에
게 보냈다. 인명진 목사는 그 후에도 계속 권위주의 정부에 대항하여 3
차례나 더 투옥되었다.

김정웅 목사의 후임으로 당진교회에 부임한 이명남 목사 역시 1980
년대 충남을 대표하는 반독재운동의 기수였다. ‘충북에 김정웅이 있다
면, 충남에는 이명남이 있다.’ 고 할 정도로 두 사람은 민주화운동에 헌
신적이었다. 그 외에도 충남노회 안에는 아산지역의 농민운동을 지원
하는 등 인권운동에 남다른 관심을 갖고 있었던 목회자들이 있었다.

1980년 봄 김정웅 목사는 청주 명암교회의 청빙을 받아들여 5월 2일
청주로 이사했다. 그때 장 사모는 18년간의 보건소 근무를 마치고 목
회 내조에 전념하게 되었다. 당시 명암교회는 시작한 지 채 1년이 안
된 개척교회였다. 김 목사는 비교적 안정되게 자립을 유지하고 있었던
당진교회를 떠나 이곳에서 새로운 출발을 하게 되었던 것이다. 그의 나
이 마흔 살 때의 일이었다. 죽음을 목전에 둔 상황에서 주님의 강권적
인 역사로 말미암아 서른 살에 시작한 교역의 길이었다. 10년의 수련
과정을 거쳐 이제 본격적인 사역이 시작된 것이다. 그 후 은퇴를 앞둔

천막 교회였던 청주 명암교회 부임 예배 때(1980. 5)

지금까지 30여 년 동안 김 목사의 목회 생애 대부분은 명암교회에서 이루어졌다. 그리하여 청주는 그에게 제2의 고향이 되었다.

여기서 청주와 청주 기독교의 역사에 대해서 간략히 살펴보기로 한다.

마한의 옛 땅인 청주는 백제 때부터 상당현으로 불렸다. '상당'이라는 이름은 우암산의 맥을 잇고 있는 인근 청원군 낭성면 산성리의 상당산성에서 비롯되었다. 그 뒤에 한때 고구려의 영역이기도 하였지만 신라 진평왕 때 신라 땅으로 확정되었다. 통일신라 경덕왕 때에는 서원경으로 이름을 바꾸었다가 고려 시대부터 청주라고 부르기 시작했다. 1908년 청주는 도청이 옮겨 오면서 충북 행정의 중심지가 되었고, 1905년의 경부선 철도의 개통, 1920년 충북선 철도의 개설과 이후의 연장

증설(1923년 증평까지, 1928년 충주까지)은 청주를 더욱 빠르게 발전할 수 있게 했다. 1931년에는 청주면이 청주읍으로 승격되었고, 1946년에는 청주부로, 그리고 1949년부터는 청주시라 부르고 있다. 1983년에는 청원군 강서면, 낭성면 등의 3개 리, 1897년에는 청원군 북일면 주중리 등 14개 리를 편입시켜 그 영역을 크게 확장했다. 청주시가 커감에 따라 1995년 청주 중심부를 흐르고 있는 무심천을 경계로 서쪽의 상당구와 동쪽의 홍덕구 등 2개 구를 신설하였다. 명암교회는 바로 상당구 용담동에 위치하고 있다.

1901년 9월 충청도의 선교 책임자로 밀러를 임명한 미국 북장로교 한국선교부는, 1903년 청주에 스테이션을 설치하기로 결정하였다. 이것은 청주를 중심으로 충북 선교에 주력하겠다는 북장로교의 의지를 드러낸 것이었다. 1904년 10월 밀러의 한국인 대리인이었던 김홍경에 의해 매입이 시작된 청주 탑동의 스테이션 부지는 그 후 15차례에 걸쳐 확장되었다. 그곳은 청주읍성에서 약 500m마일 떨어진 우암산 자락 남쪽 언덕으로, 도성(都城)을 조망할 수 있는 위치였다. 근처의 풍광이 수려했음은 물론이다.

청주 스테이션의 직할 교회라고 할 수 있는 '청주읍교회'(현 청주제일교회)는 1905년 3월 12일 남문 밖의 한 초가집에서 시작되었다. 그 후 이 교회는 청주영장관사(淸州營將官舍) 터에 1백 석 규모의 한옥 기와집을 지었고, 1913년에는 그 자리에 다시 목조 예배당을 세웠다. 이어서 청주읍교회의 김현규 씨에 의해 청주군 북일면 묵방리와 화죽리에도 교회가 설립되었다. 1918년까지 청주군의 교회는 모두 6개로 늘어났다.

장로교의 충북지역 치리 기구인 충청노회는 1925년 1월 14일 청주읍 교회당에서 조직되었다. 밀러, 솔타우(T. Stanley Soltau, 한국명: 소열도), 퍼디(Jason G. Purdy, 한국명: 부례선) 등 선교사 3명과 함태영, 경환 목사 그리고 장로 13인이 거기에 참석했다. 당시 총 교회 수는 46개였고, 1930년에는 70개 교회가 되었다. 그 후 일제 탄압으로 중단되었던 노회는 1946년 5월 속리산에서 재건되면서 충북노회로 이름을 바꾸었다. 1979년 창립된 명암교회는 대한예수교장로회(통합) 충북노회 청주시찰에 소속된 20개 교회 가운데 하나였다.

명암교회에서 걸어서 10분 거리에 있는 일신여자고등학교 구내와 주변에는 충북 기독교의 요람이었던 청주 스테이션 유적이 그대로 남아 있다. 예를 들면, 포사이드기념관(충북유형문화재 133-4호)을 들 수 있는데, 선교사 밀러가 미국 시카고에 살았던 포사이드(H. M. Forsyth)로부터 받은 기부금으로 1906년 여름 완공한 건물이다. 청주에 지어진 최초의 서양식 주택으로 추정되는 이 건물은, 적갈색 벽돌과 한식 기와를 사용한 전형적인 한양절충식의 반지하 단층으로, 청주 읍성을 가장 잘 조망할 수 있는 곳에 위치해 있었다. '포사이드기념관' 의 완공이 임박했던 1906년 여름 청주의 큰 물난리로 인해 언덕 위의 선교 구내로 대피한 수재민 20여 명에게 숙식을 제공한 선교사들의 구호 활동은 그 후 청주 사람들에게 좋은 인상을 남겼다.

1908년 미국의 북장로교 선교본부는 청주 스테이션에 병원과 두 개의 주택을 더 짓도록 하였다. 선교사들이 계속 늘어나는데다가 의료선교사 퍼비안스(W. C. Purviance, 한국명: 부반서)의 진료 활동을 위해 병원 시설이 필요했기 때문이다. 그리하여 1911년에 '던컨기념관' (충북유형문화재 133-6호)과 '로위기념관' (충북유형문화재 133-5호) 그리고 '밀러기념관' (충북유형문화재 133-3호)을 새로 지었다. '던컨기념관' 은 1908년 던컨(J. P. Duncan) 부인이 보낸 기부금으로 1911년 세워진, 한식 기와지붕에 지하 1층, 지상 2층의 붉은 벽돌로 지은 병원 건물이었다. '로위기념관'은 1910년 미국 캔자스 주 매클렁(J. S. McClung)의 지원으로 건축된 성경학원 건물이었으나 얼마 지나지 않아 선교사들의 주택으로 사용되었다. 이 집에서 가장 오래 산 사람은 1929년부터 1959년까지 활동한 로위(D. S. Lowe, 한국명: 노두의) 선교사였다. 동시에 건축된 '밀러기념관'은, 화강석 석재의 기초부에, 적갈색 조적조(組積造: 벽돌 등을 쌓아 올려서 벽을 만드는 건축구조)의 벽체부, 한식 기와를 얹은 지하 1층, 지상 2층의 건물이라는 점에서 '로위기념관'과 유사하다. 다만 '밀러기념관'은 들보가 7개인데 비해 '로위기념관'은 5개이다.

청주 스테이션 자리에 남아 있는 나머지 두 채의 건물은 1930년대에 지어진 '솔타우기념관'(충북유형문화재 133-1호)과 '퍼디기념관'(충북유형문화재 133-2호)이다. '솔타우기념관'은 1930년경에 건축된 것으로 보이는데, 한식 기와를 사용했지만 이전의 주택들과는 달리 전형적인 미국식 주택이라는 특징을 갖고 있다. 역시 이 집에서 오래 거주하며 활동한 이는 솔타우 선교사였다. '퍼디기념관'은 영동지역에서 활동하다가 장티프스로 사망한 선교사 퍼디(J. G. Purdy, 한국명: 부례선)를 기리기 위하여 미국의 가족들과 지인들 그리고 미국 전역의 주일학생들이 보낸 성금으로 1932년 지은, 지하 1층, 지상 3층의 함석지붕 성경학원 건물이다.

2장
1980년대 명암교회 사역

명암교회는 청주 동산교회 용담구역 식구들의 개척교회에 대한 간절한 소망이 빚어낸 결과였다. 1979년 6월 2일 김선규 집사 가정에서 모인 개척교회 설립 예배가 명암교회 창립의 도화선이 되었다. 이때 모인 성도들 모두는 뜨거운 눈물을 흘리면서 교회 설립을 위해 간절히 기도했다. 다음날 동산교회 당회는 청주시 용담동에 교회를 개척하기로 하고 설립위원회를 조직하는 한편 다음과 같은 사항을 결의하였다.

1. 용담 지역에 개척교회를 설립한다.
2. 동산교회 김원쟁 전도사를 교역자로 파송한다.
3. 개척교회 설립 보조금으로 150만 원을 지원한다.
4. 매월 6만 원씩 보조한다.
5. 장로: 박학순, 권사: 박설순, 안수집사: 이성수 박동민, 서리집사: 김

명암교회를 분립한 동산교회(청주시 탑동 213 소재)는 1951년 3월 21
일 청주고등성경학교 강당에서 강만조 장로의 인도로 실향민 26명이
모여 예배를 드림으로 시작되었다. 그 때는 청주시온교회라 불렸고, 초
대 교역자는 월남한 교역자 문창권 목사였다. 1959년 92평의 예배당을
건축하였고, 1978년에는 다시 350평의 교육관을 봉헌했다. 동산교회는
1979년 4월 영동군 용산면 한곡교회를 개척한 데 이어 다시 명암교회
를 분립시켰다. 당시 동산교회의 교인은 모두 838명이었고, 세례교인
은 305명에 달하였다.

명암교회는 1979년 6월 20일 김승옥 집사가 헌납한 교회 부지 65평
(청주시 용담동 138-8 소재)에 천막교회 18평을 완공하고 창립예배를 준
비하였다. 천막 칠 땅을 고르기 위하여 개척 제직원들과 각 가정의 아이
들이 모두 나와 삽과 호미로 땅을 파고 다졌다. 6월의 더운 날씨 가운데
교회를 세우고자 하는 열정으로 그렇게 교회당의 기초를 다졌다. 천막
은 흙을 다져 평평하게 한 뒤에 그 위에 비닐 장판을 깔았다. 바닥에 시
멘트를 깐다는 것은 비용 때문에 엄두도 못 내었다. 용접으로 기둥을 하
고 지붕을 올려 천막 교회는 완성되었다. 교회 이름은 개척 제직들이 상
의한바 인근에 명암이라는 지명이 있는데다가, 어두움을 밝게 비추는
[明], 반석 위에 세운[岩] 교회라는 뜻에서 명암교회로 하기로 하였다.

1979년 7월 1일 오후 2시에 천막 교회에서 창립예배를 드렸다. 예배
순서는 동산교회 최병곤 목사의 인도와 은광교회 백운기 목사의 기도

명암교회 기공예배 모습. 멀리 천막 교회가 보인다.

그리고 복대교회 민병억 목사의 설교 '거짓 없는 순수한 믿음' (딤후 1:3~5)으로 이어졌다. 또한 많은 분들이 참석하여 개척을 시작한 제직들에게 용기를 주었다. 창립예배 순서지에는 감사와 희망이 담긴 다음과 같은 간단한 '인사말씀' 이 있다.

> 할렐루야!
> 은혜로우신 우리 하나님께 감사와 찬송을 드립니다. 바쁘신 중에도 이렇게 찾아와 축하해 주시니 또한 감사를 드립니다. 어려운 중에도 물심양면으로 도움을 아끼지 아니하신 최병곤 목사님과 온 교우들께 감사를 드립니다. 이제 명암교회는 "네 시작은 미약하였으나 네 나중은 심히 창대하리라"는 말씀을 붙잡고 이 지역의 복음화를 위해 혼신을 다 바쳐 순종하겠습니다. 지켜보아 주시고, 기도해 주시고, 격려해 주옵소서. 감사합니다.
>
> 1979. 7. 1.
> 명암교회 교우 일동

그 후 명암교회는 천막 교회당임에도 불구하고 개척 교인들의 열심으로 점차 그 수가 늘어갔다. 개척 한 달 만인 8월에는 어른 60여 명, 어린이 100여 명이 예배에 참석했다. 그리하여 교회는 그해 10월 인근 용담동 171-19번지의 땅을 사서 천막을 한번 옮겼고, 12월에는 171-2번지 127평의 대지를 매입하여 장차 그곳에 예배당을 짓기로 하였다.

교회 개척이 순조롭게 진행되었지만, 1년도 못 되어 교역자가 전임하는 상황이 벌어졌다. 개척 이후 명암교회의 교역자로 수고했던 김원쟁 전도사가 1980년 4월 노회에서 목사 안수를 받고 서울로 전임하게 되었던 것이다. 목회자가 없는 동안 박학순 장로와 안수집사들이 예배를 인도했다. 그 사이 교인들은 후임자를 위해 심사숙고한 끝에 당진교회 김정웅 목사를 청빙하기로 의견을 모았다. 김정웅 목사의 신학교 동기인 이명남 목사의 고종사촌이 바로 당시 명암교회의 이성수 집사였고, 또 박동민 집사는 이명남 목사의 처남이었다. 1980년 4월 27일 교인들은 임시당회장 최병곤 목사의 사회로 공동의회를 열어 김정웅 목사를 청빙하기로 결의하였다.

김 목사는 1980년 5월 2일 12시 30분 청주 용담동 명암교회 옆 사택으로 이사했다. 5월 4일 부임 첫 예배에서 장 사모는 보건소 간호사로 근무하던 공직생활을 마감하고 받은 퇴직금을 건축헌금으로 드렸다. 이에 전 교우들이 교회당 건축에 대한 도전을 받고 적극적인 자세를 갖게 되었다. 김 목사는 그 자리에서 건축을 위해 하루 3번 이상 기도하자고 역설하였다. 김 목사 부임 당시 명암교회는 18평 천막에, 집기는 쓰던 강대상과 장의자 8개가 전부였다. 그해 여름 천막 교회에서의 예배는 한편의 전쟁과도 같았다. 쉴새없이 온몸에서 땀이 쏟아졌다. 저녁 예배 때도 똑같은 상황이 벌어졌다. 예배당 건축이 당시 최우선 과제임은 두말할 나위 없었다.

부임 첫 주부터 김 목사는 자신의 목회 역량을 예배당 건축에 집중시켰다. 그리하여 두 번째 주일인 5월 11일 주일예배 후 건축위원회를 조직하고, 5월 23일 건축설계사를 불러 현장 설명을 한 다음 60평 설계를 맡겼다. 5월 31일에는 천막 교회 옆 127평 대지 위에 54평 규모의 예배당 기공예배를 드렸다. 매주 금요일에는 저녁 11시부터 철야예배가 진행되었다. 김 목사는 교회 표어를 "모이면 기도하고 흩어지면 전도하자"로 바꾸었다. 여전도 회원들은 매일 축호 전도를 전개하여 교회 부흥의 기초를 마련했다. 천막 속에서 맞은 창립 1주년 예배는 교인들에게 남다른 감회가 있었다. 개척 후 10개월 만에 첫 번째 교역자가 떠나고 허탈한 가운데 있던 명암교회가 이제 박력 있고 능력 있는 새로운 목회자와 함께 교회의 성장을 도모할 수 있게 되었기 때문이다. 더구나 교회 건축을 시작하고 드리는 창립기념 예배라서 더욱 의미가 있었다.

교회 건축은 1980년 7월부터 본격적으로 진행되었다. 업자와 평당 건축비 70만 원씩 모두 3,500만 원에 계약했다. 그런데 얼마 뒤 장마가 시작되었다. 장마 뒤 슬래브 콘크리트 공사를 급하게 재개했지만, 50평이 그만 무너지는 사고가 발생하고 말았다. 인명 피해는 없었지만 업자가 도망을 가 버렸다. 김 목사로서는 큰 낭패가 아닐 수 없었다. 다행히 업자가 다시 나타났지만 이번엔 공사를 못 하겠다고 선언했다. 시멘트와 모래와 자갈을 공급해 주는 조건으로 다시 건축이 시작되어 결국 9월에 입당할 수 있었다. 창립 1년 2개월 만에 천막 교회를 벗고 9월 21일 입당예배가 거행되었다. 청주 시내에서 목사님 열세 분과 장로님 십여 분 그리고 많은 성도들이 그 예배에 참석했다. 겨울의 추운 바람과 여름의 찜통 같던 더위를 감내해야 했던 천막 생활이 끝이 나고 새 성전에서 예배를 드리게 된 교인들은 솔로몬의 성전 봉헌과도 같은 기쁨을 맛보았다. 그날 이정애 집사가 결혼 혼수품으로 가져온 피아노를 교회에 기증했다. 10월에는 이경진 목사를 강사로 성전건축기념 부흥성회를 개최하여 교인들이 은혜를 많이 받았다. 1981년 1월 4일 명암교회는 교인 120명을 돌파하였다. 유치·유년부가 120명, 중·고등부도 50명이나 되었다. 성전 건축의 효과가 가시적으로 나타난 것이다.

남녀노소 합해 20명으로 개척되었던 명암교회가 불과 1년 6개월 만에 출석교인 100명 이상으로 성장할 수 있었던 이유는 무엇인가?

첫째, 초기 교인들의 교회에 대한 열정을 꼽을 수 있다. 명암교회는 용담구역 식구들의 교회 개척에 대한 소망에서 비롯되었다. 1980년대 이후의 교회 개척이 주로 목회자 개인의 필요나 개 교회·기관들의 선교 전략적 지원 가운데 이루어졌음을 볼 때 한 교회에 다니던 교우들이 지역을 나누어 교회를 분립하는 전통은 소중하고 값진 것이라고 할 수 있다. 그 전통은 사실 한말·일제 강점기 한국 교회의 초기 역사에서 흔히 찾아볼 수 있는 아름다운 교회 설립 모델이다.

둘째, 1년 조금 더 되는 기간이었지만 천막 교회 경험 역시 명암교회 성장의 자양분이었다. 풍요로운 물질적 환경이 질 높은 성도의 교제를 담보하는 것은 아니다. 초대 교회의 사례가 증명하듯이 오히려 그 반대일 수 있다. 흙바닥과 천막에서의 스킨십(skinship)은 오히려 교인들의 유대를 강화하고 교회에 대한 헌신의 정도를 드높였을 것으로 여겨진다.

셋째, 창립 1년 만에 부임한 김정웅 목사의 신속한 교회 건축 결정과 실천이다. 지난 10년 간 이미 네 군데의 교회에서 목회 경험을 쌓은 김 목사는 불과 열흘 만에 건축위원회를 조직하고 빠르게 예배당 건축을 주도하였다. 그는 교인들의 소망이 무엇인지를 정확히 파악하고 자칫 이완되기 쉬운 부임 초기의 생경함을 교회 건축이라는 분명한 목표 제시로 극복하였다. 부임 5개월 만의 예배당 입당은 향후 김 목사의 목회 스타일을 상징하는 것이었다.

예배당 건축이 끝나고 교회가 부흥하고 있을 때 김 목사는 주일예배(1981년 6월 7일)에서 다음과 같은 설교를 했다. 이 설교를 통하여 그는 교인들에게 그리스도인의 사명이 이웃을 사랑하라는 주님의 말씀을 순종하는 것이라고 역설했다.

적극적 실천의 위력

성경본문: 누가복음 10:25~37

오늘 읽은 성경 본문은 예수님께서 말씀하신 선한 사마리아인의 비유입니다. 구약성경을 잘 아는 율법사가 예수님을 시험해 보려고 "우리가 어떻게 하여야 영생을 얻겠습니까?"라고 질문했습니다. 예수님은 이 질문에 맞서 도리어 질문을 던지십니다. "율법에 무엇이라 기록되어 있으며, 네가 어떻게 읽었느냐?" 율법사는 "네 마음과 목숨과 뜻을 다하여 주 너의 하나님을 사랑하고 또한 네 이웃을 네 몸과 같이 사랑하라 하였나이다."라고 대답하였습니다. 그러자 예수님께서는 "네 말이 옳도다. 이를 행하라. 그러면 살리라." 말씀하십니다. 그런데 율법사는 "그러면 내 이웃이 누구입니까?"라고 재차 질문합니다. 바로 이때 예수께서는 선한 사마리아인의 비유를 말씀하신 것입니다.

어떤 사람이 예루살렘에서 여리고로 가다가 길에서 강도를 만나서 모든 것을 빼앗기고 매를 맞아 죽게 되었습니다. 그때에 율법사가 그곳을 지나다가 신음하고 있는 사람을 보고 자신도 피해를 받을지 모른다는 생각에, 그대로 지나갑니다. 이 종교지도자는 선한 행실과 종교적 규범을 가르쳤으나 실제로 사랑을 베풀어야 하는 현장을 만났을 때 남몰래 도피하고 말았습니다. 그래서 강도를 만난 사람은 여전히 신음하고 있었습니다. 그때에 유대인 중의 유대인이었던 레위 사람이 그곳을 지나다가 강도 만난 사람을 보았습니다. 그러나 그도 잘못하다가는 시간 낭비요 책임을 져야 할지 모른다고 피해서 도망했습니다. 그리고 세 번째로 유대인들이 인간 이하로 여기는 사마리아인이 여행 중에 그곳을 지나가게 되었습니다. 그는 강도 만난 사람의 상처에 기름을 발라 주고, 포도주로 씻어 주고, 싸매 주었습니다. 또 자기 나귀에 태워서 주막집 주인에게 간호해 주도록 하였습니다. 바로 이 비유를 말씀하시고 "누가 강도 만난 사람의 이웃이냐?"고 물으셨습니다. 율법사는 "자비를 베푼 사람입니다."고 대답합니다. 그의 대답을 들은 예수님은 "그러면 너도 가서 이와 같이 행하라."고 말씀하신 것입니다.

기독교의 근본은 도움을 필요로 하는 자에게 자비를 베풀고, 선한 행실로 사랑의 삶을 살아가는 생활입니다. 오늘 우리의 주변에도 강도 만난 사람들이 많이 있습니다. 정신적인 의미에서 마음의 상처를 입고 강도 만난 사람처럼 고통당하는 사람들이 많이 있습니다. 영생이란 바로 우리의 삶이 수직적인 차원의 높이(하나님의 사랑)와 수평적인 차원의 넓이와 깊이(이웃 사랑)가 만나는 곳에서 이루어집니다. 사마리아인의 삶이 바로 적극적인 믿음을 실천하면서 영생을 체험하는 삶입니다.

이 비유 가운데 나타난 신앙의 교훈을 생각하고자 합니다.

　첫째, 도움을 필요로 할 때 즉시 도움을 주는 이웃이 되어야 합니다. 오늘 성경 본문에 율법사나 레위인 지도자는 다른 이들에게는 사랑을 실천하라고 가르치면서 정작 자신의 도움을 필요로 하는 곳에서는 무책임하게 도피했습니다. 그러나 기독교의 진리는 강도 만난 사람을 접하는 삶의 현장 속에서 사랑을 실천하는 생활입니다.

　한때 미국 국민에게 충격을 준 '38인의 목격자' 라는 유명한 사건이 있었습니다. 어떤 여비서가 늦게까지 일하고 밤늦게 돌아오다 그만 아파트 입구에서 강도를 만났습니다. "사람 살려"라고 소리쳤습니다. 아파트 이곳저곳에서 불이 켜졌다가 다시 꺼지고 그 사이 강도는 그 여자를 죽이고 돈을 전부 털어갔습니다. 아침에 경찰이 와서 조사를 시작했습니다. 그 결과 놀랍게도 38명이 그 비명을 들었다고 했습니다. 그렇다면 왜 그 여인을 도와주지 않았을까요? 목격자로 책임을 지는 부담이 싫어서 그랬다는 것이었습니다. 서울역 앞에서도 젊은 부인이 다이아몬드 반지와 목걸이, 핸드백을 빼앗긴 일이 있습니다. 이제 우리는 누가 내게 도움을 요청하면 아무 이유 없이 도와주어야 할 것입니다. 그게 바로 사마리아인이 했던 태도입니다.

　둘째, 할 수 있는 데까지 최선을 다하는 것이 그리스도인의 사명입니다. 그 사마리아인은 상처를 치료하고, 나귀에 태우고, 주막으로 옮겨 치료비를 대는 등 최선을 다하고 정성을 기울였습니다. 이것이 곧 그리스도의 사랑입니다. 공자나 석가모니나 마호메트는 종교의 창시자들이지만 이 땅에서 사시다가 늙어서 병들어 죽었습니다. 자연사한 것입니다. 그러나 예수 그리스도는 인류 구원을 위해서 자신의 모든 것을 바쳐 십자가에서 희생적 사랑을 실천했습니다. 이것이 예수 그리스도의 희생인 것입니다.

밀림의 성자 슈바이처 박사는 자신을 희생해서 남을 돕는 이타주의(利他主義)의 사랑을 가리켜 '페리커니즘'(Pericanism)이라고 했습니다. 원래 이 말은 아프리카에 사는 '페리칸'이라는 새 이름에서 왔는데, 그 새는 자기 새끼를 위하여 먹이를 물어다 주다가 나중에 자기가 죽을 때가 되면 자기 부리로 그 앞가슴의 털을 모두 뜯어내고 피를 나게 해서 자신의 피를 새끼에게 먹인 후에 죽는다는 것입니다. 그래서 자기희생의 사랑을 '페리커니즘'이라고 부른다는 것입니다.

우리 명암교회 교인들은 선한 사마리아인이 되어야 합니다. 의무와 책임의 한계를 넘어서서 희생과 봉사의 사마리아인이 있을 때 구원이 있는 것입니다. 자기를 희생하여 남을 섬기는 곳에서 생명이 구원을 받게 됩니다. 여기서 하나님의 살아 계심과 영생을 체험하게 되는 것입니다. 우리 주 예수 그리스도의 십자가 사랑을 증거하는 선한 사마리아인이 됩시다.

셋째, 적극적인 행위는 사랑에서 나옵니다. 예수 그리스도를 믿는 사람은 무례히 행해서는 안 됩니다. 또 남이 억지로 사랑해 주기를 바라는 것도 무례히 행하는 행위입니다. 그리고 도움 요청이 왔을 때 피하지 말고 사마리아인이 강도 만난 이웃을 보살피듯 사랑을 실천하는 선한 이웃이 되어야 합니다. 사람은 누군가를 기쁘게 해줌으로써 그것을 자기의 기쁨으로 여기며 살아갑니다. 기쁘게 해 줄 대상이 없는 사람은 불행한 사람입니다. 그리스도를 믿는 사람들의 궁극적인 기쁨의 대상은 하나님 아버지이십니다. 밤이나 낮이나, 겨울이나 여름이나 언제든지 주님을 기쁘게 해 드리기 위해 적극적으로 애쓸 때 그 기쁨이 축복이 되어 돌아온다는 사실을 잊어서는 안 될 것입니다.

1981년 정초 베델성서연구 연수에 참석한 김 목사는 그해 봄 교회 안에 베델성서학교를 개강하여 성경공부를 시작하였다. 이 프로그램은 그 후 2년 동안 김 목사의 말씀 강해를 중심으로 진행되었는데, 평신도 교육이 활성화되지 못했던 그때 명암교회 베델성서학교는 교인들의 신앙을 체계화시키는 데 기여하였다. 그즈음 명암교회 주일예배 참석 인원은 158명을 넘어 175명에 이르고 있었다. 그해 7월부터는 대예배를 둘로 나누어 오전 9시의 1부와 11시의 2부로 드리게 되었다. 청주 시내에는 교회와 목회에 대한 좋은 소문이 나고 있었다. 김 목사는 이런 교회 성장의 열매들을 즉시 나누는 일에 착수하였다. 일신여고 교목 파송에 한몫을 감당하는 한편 맹학교를 후원하기 시작했다. 또한, 유치원 경영을 강화하고 신용협동조합을 만들었다. 교회가 선한 사마리아인으로서의 사명을 감당하는 일에 적극적으로 참여한 것이다.

원래 유치원은 청주시가 골목 유치원을 권장하던 시절 김승옥 집사 개인이 김옥순 선생과 함께 운영한 데서 비롯되었다. 그러다가 명암교회가 시작되면서 그동안 골목에서 실시되던 유치원 교육이 천막 교회로 옮겨졌다. 그러면서 원생들 모두 명암교회 주일학교 유치부에 편입되었는데, 그 인원이 상당히 많았다. 그 뒤 교회를 새롭게 건축하면서 이름을 용담골목유치원에서 명암골목유치원으로 정하고 신축 예배당에서 교육을 하게 되었다. 당시 유치원 선생님은 김승옥 집사와 지경란, 정효숙 선생이었다. 1982년에 25명의 수료생을 처음 배출한 골목유치원은 1985년 3월 명암유치원으로 인가되었고, 명암교회 사회선교를 대표하는 기관이 되었다.

이미 당진에서 신용협동조합을 세워 실질적으로 운영해 본 김 목사는 명암교회가 중심이 된 신용협동조합을 시작하기로 하고 1981년 7월 창립 준비 모임을 거쳐 8월 2일 명암신용협동조합을 창립하였다. 이사장은 명암교회 박학순 장로였다. 신협의 발전을 위해 여러 가지 애환 중에도, 교회는 직원 생활비를 부담하는 등 그 활성화에 많은 노력을 기울였다. 명암신협은 1983년 재무부로부터 공식 인가를 받았다. 그 후 성장을 거듭하여 2002년 6월에는 60억 원의 자산을 지역사회에 환원하였다.

목회는 목회자 혼자 할 수 없다. 교인들의 헌신과 기도 그리고 희생이 없이는 불가능하다. 김 목사가 당진교회를 시무할 때도 마찬가지였다. 적지 않은 사람들이 목회에 동참하면서 그리스도의 몸 된 교회를 위해 힘썼다. 1982년 명암교회 직분자 명단에 나와 있는, 그 사람들을 열거하면 다음과 같다.

1982년 교회 조직

- **회장**: 김정웅 목사　　　　　**부회장**: 박학순 장로

- **집사**: 이성수, 박동민　　　　**권사**: 박설순, 오지연
- **서리집사**: 김선규, 연명흠, 김 윤, 정상진, 황순용, 임덕진, 유재림, 이은재, 노창희, 이종순, 황장휴, 오장순, 박옥권, 이상칠, 장옥희, 김만례, 최정미, 김승옥, 김봉임, 임옥자, 강화자, 안경순, 박승자, 조귀녀, 오연희, 송병선, 이명숙, 황필례, 이순심, 정순자, 이희길, 홍은표, 박영분, 이옥선, 신희숙, 강정예, 최정숙, 박재복, 이용재, 이수종
- **권찰**: 이제숙, 박정자, 이운선, 임정월, 김인숙

- **제직회**　서기: 김승옥　　　　부서기: 최정미

회계: 김선규   부회계: 정상진

- **유치부장**: 김승옥
- **유치부교사**: 정효숙, 김영옥, 지경란
- **유년부장**: 이성수
- **유년부교사**: 김문순, 김재원, 양항우, 신명숙, 전기봉, 신동일, 이상칠,
  강화자, 방선희, 신경숙, 이경찬, 강호순, 변성연, 서금원,
  송병선, 김혜옥, 이숙자, 주혜정, 연제현, 박승자, 이경순,
  신동일, 김형걸, 김경하, 연형숙, 연제권
- **중등부장**: 박동민
- **고등부장**: 연명흠
- **청년부장**: 황순용
- **성가대장**: 이성수
- **성가대 지휘**: 이수종
- **반주**: 이순심, 김지신, 박정근

교회가 눈에 띄게 성장하면서 명암교회는 새로운 일꾼을 선출하기 위한 절차에 착수했다. 김정웅 목사와 박학순 장로로 이루어진 당회는 1982년 가을노회에 장로 3인을 피택 청원하였다. 그리하여 12월에 모인 공동의회에서는 이성수, 연명흠 집사가 장로로 피택되었고, 1982년 5월 공동의회에서는 박동민 집사가 장로로 피택되었다. 이들은 교회 장립 때부터 혼신을 다해 주님의 몸 된 교회를 섬긴 일꾼들이었다. 세 장로는 1982년 11월 28일 임직하였다.

1983년 2월 13일 명암교회 당회는 김정웅 목사를 노회에 위임목사로 청원하기로 하고 3월 첫째 주에 열린 제직회에서 동의를 얻었다. 그리고 3월 13일 공동의회를 개최하고 동산교회 최병곤 목사의 사회로 위임

명암교회 초대학생회 조직 기념예배 시 특송하는 교사들

투표를 실시하였다. 그 결과 입교인 81명 중 찬성 78, 반대 2, 기권 1표로 김정웅 목사의 위임을 결의하였다. 이때는 명암교회의 장년 교인이 200명을 넘어 300명을 목표로 기도하던 중이었다. 김 목사의 위임식은 5월 20일 거행되었다. 당시 노회 위임국장은 은광교회 백운기 목사였고, 충북노회장 민병억 목사(복대교회)가 '모세의 재소명'(출 4:18~26)이라는 제목으로 설교하였다. 다음은 위임식 순서지 전문이다.

김정웅 목사 위임식

- 사회: 백운기 목사
- 설교: 민병억 목사
- 일시: 1983년 5월 20일 오전 11시
- 대한예수교장로회 청주명암교회
- 청주시 용담동 171-2   전화 ③ 7601

김정웅 목사 위임식순

- 오전 11시 ·· 사회: 위임국장 백운기 목사
- 묵도 ··· 다같이
- 찬송 ··············· 67장(주는 나를 기르시는 목자) ························· 다같이
- 기도 ·· 인차교회 이홍구 목사
- 성경봉독 ·········· 출 4:18-26 ···················· 가덕교회 김왕택 목사
- 찬양 ··· 성가대
- 설교 ················· 모세의 재소명 ················ 충북노회장 민병억 목사
- 서약 ················· ① 목사에게 ② 교우에게 ················ 위임국장
- 기도 ··· 위임국장
- 선포 ··· 위임국장
- 권면 ··················· ① 위임목사에게 ················· 내수교회 신성대 목사
                      ② 교우에게 ················· 동산교회 우경천 장로
- 기념품 증정 ································· ① 교회대표 ② 여전도회장
- 답사 ·· 김정웅 목사
- 인사 및 광고 ·· 박학순 장로
- 찬송 ················· 369장(십자가를 질 수 있나) ···························· 다같이

• 축도 ··· 미원교회 전정하 목사
• 폐회 ··· 대단히 감사합니다

명암교회 교세

장로 4명, 안수집사 1명, 권사 4명

서리집사 남 11명, 여 25명, 계45명

아동 127명, 중·고등 83명, 청장년 78명

학습 41명, 유아세례 7명, 세례 125명

김정웅 목사 약력

대전신학교 졸업

단국대 문리대 사학과 졸업

장로신학대 목회과졸

1971. 1. 3. 대전노회 수당교회 개척

1974. 1. 15. 대전노회 군북교회

1975. 8. 13. 충남노회 당진읍교회

1980. 5. 2. 충북노회 명암교회 부임

김 목사의 위임식을 전후로 하여 명암교회 당회는 교회 건축을 준비하였다. 일반회계에서 1,000만 원짜리 건축적금을 들고, 그 다음 해에는 교회 대지 128평을 계약해 모두 418평의 공간을 확보하였다. 이즈음 교세의 확장으로 당회가 예배당 건축을 추진한 것은 불가피한 현실이었다. 김 목사는 명암교회가 교회 하나를 개척하자는 의견을 제시했지만, 현실적인 예배 공간의 협소함을 들어 예배당을 새롭게 건축하자는

의견도 만만치 않았다. 결국 명암교회 당회는 1985년 12월 400평 규모의 예배당을 건축하기로 하고 건축위원회를 조직하였다. 이때 건축위원회에는 박학순, 이성수, 연명흠, 박동민 장로와 노창희, 김선규, 강용식, 권기범, 지기종, 임덕진, 황순용, 주수복, 김학명 집사가 참여하였다.새로운 예배당 건축은 1986년 4월 20일 성전건축기공예배로 시작되었다. 박학순 장로의 기도와 김정웅 목사의 설교로 시작된 기공 예배는 온 교우들에게 큰 꿈을 안겨 주었다. 당회원들과 제직들을 포함한 온 성도들이 한 삽씩 흙을 뜨며 교회 건축에 주춧돌이 되자고 다짐하였다. 예배당의 설계는 오선교 건축사가 맡았고 노창희 집사가 시공을 담당했다. 그해 여름 대성동 23번지 33평의 땅을 명암교회 부지로 환수하는 절차와 예배당 지붕의 슬라브를 마감하기로 하는 등의 세부 조정을 거쳐 드디어 1986년 성탄절을 이틀 앞두고 새 성전 입당 예배를 드릴 수 있었다. 이 예배당은 지금도 명암교회 교인들의 신앙의 터전으로 사용되고 있다. 명암교회는 1990년 7월 1일 창립 11주년 기념 예배 때 예배당 현관 벽에 머릿돌을 놓았다. 머릿돌 속에는 성경책과 또한 그동안의 건축 과정과 정성어린 헌금을 한 분들의 명단을 함께 넣었다.

교회가 어느 정도 자리를 잡기 시작한 1985년부터 김 목사의 교계 활동도 점차 그 반경이 확장되었다. 먼저 김 목사는 그해 장로회신학대학원 교역학과(敎役學科)에 입학하여 3년간 공부했다. 거기서 김 목사는 1980년대 이후 급변하고 있던 목회 환경과 신학의 동향을 점검하고 그 것을 자신의 목회에 적용할 수 있었다. 또한 1985년 4월에는 충북노회 유지재단 이사로, 9월에는 총회연금재단 창립 이사로, 1987년에는 충북노회 서기로, 노회와 총회의 운영에 참여하였다. 그리고 1986년에는 전국목회자정의실천협의회에 가담하여 적극적으로 활동하기 시작하였다. 1987년 2월 15일 오후 2시 30분 그가 시무하고 있던 청주 명암교회에서 역사적인 "고문추방 및 고 박종철군 범시민 추모기도회"가 개최되었다. 김 목사의 민주화운동 참여에 대해서는 뒤에서 자세히 다루고자 한다.

1989년 7월 1일 명암교회는 예배당 헌당 및 창립 10주년 기념 예배를 거행하였다. 그해에는 지난 1986년 건축 후 입당하면서 지은 빚 7,000여만 원을 모두 상환할 수 있었다. 교회 창립 10주년이라는 역사는 헌당의 의미를 더하게 했다. 천막 교회 시절이 엊그제 같은데 벌써 10년이 된 것이다. 기념 예배와 함께 안수집사(김선규, 노창희)와 권사(김승옥, 최정미, 김만례, 이봉희) 임직과 장로 은퇴(박학순), 명예권사(박옥권) 추대 등의 예식도 함께 진행하였다. 1980년대 김정웅 목사의 목회 사역을 도운 명암교회의 부교역자들로는 이성수 교육전도사(1981. 8~1983. 9), 신동설 교육전도사(1983. 12~1985. 5), 연제국 교육전도사(1985. 6~1988. 8), 김남하 교육전도사(1989. 1~1989. 12) 등이 있다.

이즈음 김 목사가 주일 예배에서 행한 설교 한 편을 살펴보자. 1986년 10월 5일 명암교회 주일 예배에서 한 것이데, 그의 신앙 교육에 대한 사고가 잘 나타나 있다.

위대한 교육

 성경본문: 신명기 6:4~9

유대인들은 자녀들에게 하나님의 말씀인 성경과 지혜의 책이라고

부르는 탈무드를 어렸을 때부터 가르쳤습니다. 신명기 6장 7절에 "네 자녀에게 부지런히 가르치라."고 했습니다. 왜 성경을 부지런히 가르쳐야 하며 가르쳐 왔습니까? 그 이유는 "교훈과 책망과 바르게 함과 의로 교육하기에 유익하며 사람을 온전케 하며 선한 일을 행하기에 온전케 하기"(딤후 3:16) 때문입니다. 한마디로 말하면 성경을 배우고 성경대로 살아야 선한 삶을 살고 바르게 삽니다. 그리고 성경이야말로 올바른 교육의 지침서라는 것이 바울의 견해였던 것입니다. 일찍이 동양 윤리는 임금과 스승과 부모는 한 몸과 같다고 가르쳤습니다. 그러나 이 윤리는 이제 통하지 않는 시대가 되었습니다. 그래서 교육 부재란 말을 합니다.

왜 하나님께서는 모세를 통하여 가나안 땅에 들어가는 이스라엘 민족에게 "네 자녀에게 부지런히 성경을 가르치라."고 하셨을까요? 그것은 성경을 가르쳐야 위대한 교육이 가능하기 때문이었습니다. 성경을 가르쳐야만 성립되는 교육이 두 가지 있습니다.

첫째, 신앙 교육입니다. "나는 자식들에게 신앙에 관하여 강요하거나 가르치지 않기로 작정했다."라고 말하는 분들이 있습니다. 그 이유는 이다음에 자식들이 자라서 스스로 종교를 선택하고 신앙을 결단하도록 하기 위해서라는 것입니다. 이런 태도를 가리켜 코울리지는 "그것은 합리적이고 계몽적이며 자비스러운 말같이 들리지만 사실은 마귀적 태도"라고 했습니다.

어느 날 코울리지를 찾아와 자식들의 신앙은 강요하거나 강박할 것이 아니라 스스로 결단하도록 내버려 두어야 한다고 떠드는 사람이 있었습니다. 그에 대해 아무런 대꾸도 하지 않고 코울리지는 그를 데리고 밖으로 나갔습니다. 그리고 "당신에게 우리 집 꽃밭을 보여주겠다.”고 했습니다. 코울리지는 그에게 집 뒤뜰의 잡초 밭을 보여주었습니다. 그는 “이건 꽃밭이 아니라 잡초 밭이지 않소.”라고 했습니다. 코울리지는 “그렇습니다. 내 정원의 꽃밭을 억제하지 않고 내버려 두었더니 이 모양이 되어 버렸소.”라고 대답했습니다.

밥 먹는 것, 옷 입는 것, 잠자는 시간, 친구 교제하는 것, 진학 문제 등 대소사 간에 걸쳐 부모는 자식들을 간섭합니다. 그러면서도 신앙은 자율이라고 말합니다. 그것은 마치 코울리지가 말한 대로 잡초 밭이 되건 쓰레기 더미가 되건 간섭하지 않고 억제하지 않겠다는 것과 다를 바 없습니다. 부모는 자녀에게 신앙을 물려줄 책임이 있습니다. 특히 신앙 교육은 어려서부터 실시해야 합니다.

구약시대에 활동했던 선지자들 가운데 위대한 선지자를 꼽는다면 사무엘을 빼놓을 수가 없습니다. 사무엘은 이스라엘 나라가 시작하여 사울 왕에 이르기까지 이스라엘 민족의 정신적 지주였고, 영적 지도자였습니다. 그는 선지자였고, 제사장이었습니다. 사무엘은 그의 어머니 한나의 기도로 낳은 사람이었고, 한나의 결단과 믿음으로 어린 나이 즉 젖을 떼자마자 엘리 제사장에게 맡겨져 신앙교육을 받았습니다. 그 결과 국민들로부터 칭송 받는 선지자가 된 것입니다.

교육학자 콜만 맥카시는 1978년도 다음과 같은 연구 보고를 발표한 일이 있었습니다. “16세 된 아이의 성격과 행동은 12살 때 이미 결정되고, 12세 된 아이의 성격과 행동은 8살에, 8세 된 아이의 성격과 행동은 3~4살 때 그 뿌리가 이미 내려진다.”

국제태아지능개발회와 한국태아지능개발동우회에서 지난 1986년 3월 28일 롯데호텔에서 세미나를 개최했습니다. 그 세미나에서 모아진 결론은 “임신 중의 영양 섭취나 약물 복용이나 심리 상태가 태아에게 중대한 영향을 미치며 태아 시절의 10개월이 출생 후의 일생을 좌우한다는 것이 과학적으로 입증되었기 때문에 출생 전 교육(태아)이 중요하며, 똑똑하고 건강한 아이는 깨끗한 환경에서 태어난다."는 것이었습니다. 그 세미나에서 거론된 영양 섭취나 약물 복용 등은 물리적인 문제입니다만 심리적 상태란 무엇이겠습니까? 그리고 깨끗한 환경이란 무엇을 의미합니까? 임산부가 불안, 초조, 긴장, 분노, 슬픔 따위를 마음속에 간직하면 그 영향이 태아에게 미치게 된다는 것이고, 깨끗한 환경이란 정신적 환경을 의미한다고 봅니다.

콜만 맥카시는 16세 소년의 행동이 이미 4살 때 형성된 것이라고 했습니다만 태아교육 전문가들은 태아기 10개월이 일생을 좌우한다고 말하고 있습니다. 그렇다면 우리의 자녀들에게 몇 살 때부터 신앙 교육을 시킬 것인가 하는 것은 분명해졌습니다. 어릴수록 더 좋고 지금 당장이라도 때 늦었음을 후회하면서 하나님의 말씀을 가르쳐야 하겠습니다. 종교심리학자인 스펜서 박사의 조사에 의하면, 미국의 기독교인들이 교인이 된 연령층별 자료에 의하면 1,000명 교인 가운데 548명은 20세 되기 전에 믿은 사람들이고, 337명은 20~30세에, 96명은 30~40세에, 15명이 40~50세에, 그리고 50세 이후에 4명이 있었습니다. 이 조사는 어려서부터 교인이 되게 하는 것이 얼마나 중요한가를 보여주는 하나의 실례가 되는 것입니다.

옛날에는 기독교 학교들이 자율적으로 기독교 정신을 살려서 신앙 교육에 전념할 수 있었습니다만 근자에 이르러서는 중학교는 추첨제가 되어 버렸고, 고등학교는 평준화되어 버리는 바람에 신앙 교육이 무너졌습니다. 기독교 대학들 역시 간판만 기독교 대학이지 내용은 비기독교 대학이나 다를 바가 없고, 형식상 교목실이라는 것을 두고 있을 뿐 대학 선교는 엄두도 못 내고 있는 실정입니다. 그러면 어떻게 해야 합니까? 아직도, 그리고 앞으로도 희망을 걸 수 있는 교육 기관이 있다면 교회 주일학교입니다.

아들에게 "공부해라, 일류 대학에 가라, 교회 가지 마라, 잠자지 마라."면서 6년 동안 들볶다가 그 아들이 탈선하는 바람에, 소위 문제 청소년이 되는 바람에 거기에 충격을 받고 독약 먹고 병원에 입원했다는 어느 어머니의 이야기를 들었습니다. 내 자식은 그럴 리가 없다고 믿으면서 6년 동안 온갖 정성을 다 쏟았지만, 그 자식이 술, 담배를 배웠고, 불량한 청소년이 되었다는 충격으로 약을 먹은 어머니의 심정을 이해하고도 남습니다. 그러나 보다 더 중요한 것은 병상에서 고백한 그 어머니의 고백입니다. "다 제 잘못이에요. 6년 동안 공부 얘기만 했지, 예수님 얘기는 못했거든요."

어느 날 미국의 유명한 오페라 가수인 헐버튼이 자기 아들과 이웃집 아이가 놀면서 주고받는 대화를 엿듣게 되었습니다. 이웃집 아이가 "우리 아빠는 사장님을 잘 안다."라고 말하자 헐버튼의 아들은 "우리 아빠는 하나님을 잘 안다."라고 대꾸하는 것이었습니다. 그 말을 듣는 순간 헐버튼의 눈에서는 눈물이 쏟아지기 시작했고, 그는 자기 서재로 들어가 실컷 울었다고 했습니다.

여러분! 우리의 자녀들이 바르게 자라서 바른 사람이 되게 하려면 신앙 교육을 일찍 시켜야 합니다. 주일날이면 교회에 나와서 하나님께 예배하고 성경 말씀을 배우도록 인도합시다. 7절입니다. "네 자녀에게 부지런히 가르치라."

둘째, 생활 교육입니다. 신앙 교육은 어떻게 믿으라는 것을 가르치는 것이고, 생활 교육은 어떻게 살라는 것을 가르치는 교육입니다. 어떤 아버지가 자기 아들에게 "그리스도인이란 이렇게 행동하고 이렇게 생활하는 것이란다." 하고 열심히 말했더니 아들이 하는 말이 "아직 제 주변에서 기독교인을 본 일이 없습니다."라고 대답하더랍니다.

생활 교육은 말로 되는 교육이 아닙니다. 생활 교육이야말로 시청각 교육입니다. 눈으로 보고, 귀로 듣고, 그리고 가슴으로 느낄 때 되는 것입니다. 프랑스 영웅 나폴레옹은 이런 말을 했습니다. "프랑스로 하여금 훌륭한 어머니들을 가지게 하라. 그러면 프랑스는 훌륭한 자녀들을 가질 것이다."라고. 이 말은 훌륭한 어머니라야 훌륭한 아들을 낳게 되고, 훌륭한 자녀가 자라서 훌륭한 프랑스를 만들게 된다는 뜻입니다. 데오도르 루즈벨트는 "어머니는 국가의 생명에 있어 최고의 자산이다."라고 했습니다. 나폴레옹의 말과 일맥상통한다고 봅니다. 네로의 어머니 아그리피나는 자기 남편을 살해했고, 네로를 폭군으로 만든 악녀였습니다만 어거스틴의 어머니 모니카는 탕자를 회개시킨 성녀였습니다. 정신의학자인 메닝거 박사에게 어떤 어머니가 물었습니다. "아이의 교육은 언제부터(몇 살부터) 시작하는 것이 이상적입니까?" "그럼 당신의 아이는 몇 살입니까?" "3살 반입니다." "부인! 그렇다면 이미 3년 반이나 늦으셨군요."라고 메닝거 박사는 대답했다는 것입니다.

학교 교실은 자녀들에게 지식 이상의 것을 줄 수 없게 되었습니다. 그렇다고 하면 가정과 교회가 그 책임을 져야 합니다. 그 뜻은 우리가 보여주어야 교육이 된다는 것입니다. "예수는 이렇게 믿는 것이다. 인생은 이렇게 살아야 한다. 이러한 가치관을 가지고 살아야 한다."라고 우리가 보여주어야 한다는 것입니다. 영원한 교사는 예수 그리스도시며, 영원한 교과서는 성경이며, 안전한 교실은 가정이며, 가정은 교회당임을 명심해야 합니다. 그리고 다음 사항들을 실천합시다. ① 자녀를 위해 정기적이고 규칙적으로 기도합시다. ② 자녀를 교회로 인도합시다. ③ 자녀에게 성경을 가르칩시다. ④ 본이 되지 않는 일은 하지 맙시다.

김 목사는 목회 방향을 위해 매년 표어를 만들었다. 1980년대 표어를 보면, 당시 김 목사가 목회의 중점을 어디에 두었는지를 알 수 있다. 80년대 전반기는 주로 전도를 통한 교회 성장에 역점을 두었고, 후반에는 그리스도인으로서의 삶을 어떻게 살 것인가에 초점을 맞추었다.

1980년대 명암교회 표어

1980년 : 모이면 기도하고 흩어지면 전도하자
1981년 : 지역을 복음화(행 1:8)
1982년 : 하나님의 선한 청지기가 되자(벧전 4:10)
1983년 : 나는 복음 전하기를 원하노라
1984년 : 복음을 배우고 가르치고 전하는 교회
1985년 : 복음을 배우고 가르치는 교회
1986년 : 보라 내가 새 일을 행하리라(사 43:19)
1987년 : 성령의 풍성한 열매 맺는 교회
1988년 : 말씀대로 바로 살자(히 4:12)
1989년 : 함께 나누며 섬기는 교회

III^부

1980년대 민주화운동

1장
1980년대 전반 청주 민주화운동과 김정웅 목사

해방 전 일본 제국주의에 맞서 독립운동에 앞장섰던 한국 개신교는 해방 후 정권과 밀접한 관계가 있었다. 이승만 초대 대통령 시절 많은 기독교 인사들이 정부에 참여했고, 교회도 정부를 적극적으로 도왔다. 5·16 쿠데타로 들어선 박정희 정권에 대해서도 대부분의 한국 교회는 이를 지지했고, 심지어 독재정권의 말로로 여겨지는 10월 유신을 정당화해 주기까지 했다. 역시 군사 쿠데타로 정권을 찬탈한 전두환 정권과 그 뒤를 이은 노태우 정권 때에도 대부분의 교회 지도자들은 국가 조찬기도회를 개최하면서 이들의 행위를 정당화해 주었고, 교인들에게도 이들을 지지하도록 강요했다. 이런 상황에서 독재정권에 항거하거나 반대하면서 민주화 운동에 참여한 소수의 목사들은 이들에 의해 '정치 목사'로 불리거나 심지어는 '용공분자'로 낙인찍히기도 했다.

1980년대 후반 자택 구금된 김대중 전 대통령의
동교동 자택을 방문하여(왼쪽이 김정웅 목사)

1980년대 민주화 운동에 참여했던 김정웅 목사는 바로 이러한 어려운 길을 걸었다. 그는 당시 충북 민주화운동의 큰 나무였다. 70~80 운동권 출신 인사들 중 그의 도움을 받지 않은 사람이 없을 정도로 김 목사는 공안의 탄압으로부터 민주화 일꾼들을 지키고 후원하는 든든한 버팀목이었다. 정진동 목사가 빈민과 노동운동의 상징이었다면 김 목사는 노영우 목사(현 청주 소망의집 운영)와 함께 지역 민주화운동 세력의 구심이었다. 광주항쟁을 거치며 민주화운동이 활발해져 충북지역에도 관련 단체들이 탄생하기 시작했는데 충북민주운동협의회, 민족민주운동연합, 민주주의민족통일충북연합 등 지역 민주화 세력의 맏어른 역할을 톡톡히 한 것이다. *

김정웅 목사의 민주화운동은 그야말로 소박하게 시작되었다. 즉 성경의 선한 사마리아인의 비유에 나오는 이웃 사랑의 메시지를 김 목사는 좌고우면하지 않고 그대로 실천한 것이다. 공교롭게도 김 목사가 청주 명암교회에 부임한 1980년 5월 초는 전국적으로 대학가의 민주화 요구가 거세지면서 가두시위가 빈발하던 때였다. 특히 5월 12일부터 다시 이어진 충북대 시위를 시작으로, 청주대와 청주사대의 학생 시위대는 시내 진출을 시도하여 5월 15일 3개 대학 모두가 상당공원, 성안길, 육거리로 쏟아져 나와 신군부 정권 탈취 음모 중단과 민주정부 수립을 요구하는 시위를 벌였다. 시위 대열은 3천여 명에 이르러 학교로 돌아가는 대열이 분수대에서부터 사직동 고개까지, 상당공원에서 청주대 정문까지, 육거리에서 청주사대 정문까지 이어질 정도였다.

시위 과정에서 경찰의 무리한 진압과 강제 검거로 많은 학생들이 다

치고 구금되었다. 부당한 구타가 자행되었고 끌려간 학생들은 제대로 보호를 받지 못하였다. 현장에 나가서 이 광경을 지켜보던 김 목사는 고통 받는 학생들을 외면한 채 자리를 뜰 수가 없었다. 주일예배에서 교우들에게 선한 사마리아인처럼 살자고 당부하지 않았던가! 김 목사는 뛰어나가 일단 학생 시위대와 진압 경찰의 사이에 서서 양측의 과격한 물리적 충돌을 억제하는 데 주력했다. 그는 이것이 목사가 할 일이라고 생각했다. 목사라는 신분을 밝히고 그 중간에 서서 시위 현장에서의 약자인 학생들의 피해를 최소화하려고 애썼다. 또 시위가 끝나면 경찰서로 찾아가 그 과정에서 강제로 끌려간 학생들을 파악하고 그들이 빨리 집으로 돌아갈 수 있도록 선처를 호소했다. 학생들 대부분은 가족들에게 자신의 연행 소식이 알려지는 것을 꺼려했다. 그 학생들을 위해 경찰과 교섭할 누군가가 필요했다. 구금된 시위 학생들에게 빵과 우유를 넣어 주며 김 목사는 그들을 구명하는 일에 동분서주했다. 김정웅 목사의 민주화운동은 이렇게 시작되었다. 대의명분과 우국충정을 갖고서 출발한 것이 아니라 사회적 약자인 시위 학생들을 구제하는 것이 목사가 해야 할 마땅한 일로 여겨 그 도리에 충실했던 것이다. 민주화운동에 대한 이러한 김 목사의 기본적 자세는 그 후에도 거의 변하지 않고 견지되었음을 본다.

여기서 잠깐 청주지역의 민주화운동 역사를 살펴보자.* 1970년대 충북지역의 민주화운동은 종교 진영의 대응을 빼놓고는 대체로 미약했

---

* 이 책의 Ⅲ부 1장과 2장은 인터넷 6월항쟁기념관(www.610.or.kr)의 《6월항쟁을 기록하다》 제4권 9부 10장 청주·충북 지역 편(이하 《6월항쟁》)을 대부분 인용하였다. 인용 내용은 각주를 통해 밝힌다.

다고 할 수 있다. 1972년 대한예수교장로회(통합) 충북노회에서 도시산업선교사업을 결정함에 따라 청주에서는 처음으로 노동, 빈민선교사업이 시작되었다. 즉 1973년 6월 정진동 목사가 청주도시산업선교회를 출범하였다. 그해 8월에는 청주시청 청소부 임금인상 투쟁의 발생으로 근로조건개선대책위원회가 결성되어 1974년 3월 그 문제를 해결할 수 있었다. 이어 신흥제분공장의 노동자들이 산업선교회의 후원을 받아 노조를 설립하고 근로조건개선대책위를 출범시켜 투쟁을 한 결과 노조를 설립할 수 있었다.

1975년에는 기독교계 목사들과 가톨릭 신부들을 중심으로 서울의 재야운동권과 연계하여 민주회복국민회의 충북지부가 결성되었다. 여기에 서도섭, 이쾌재, 홍정흠, 정진동 목사와 김광혁, 이한구, 곽동철 신부 등이 참여했다. 또한 같은 해 기독교장로회 청주제일교회와 북문교회 청년회가 중심이 되어 기장청년연합회(기청)를 결성했고, 이 중 제일교회 청년회가 활발히 조직적인 청년활동을 전개했다. 이후 1979년 기장의 기청, 예장의 장청, 감리교 청년회 등이 기독교청년협의회(EYC, 기청협)를 결성, 출범하였다. 1977년에는 가톨릭교회의 농민들이 가톨릭농민회 충북지구 연합회를 출범함으로 농촌지역에서도 부당한 농정에 대한 항의의 목소리가 터져 나오기 시작했다.* 대학생들의 학생운동은 충북대의 경우 1978~1979년에 사회과학 동아리로 미래문제연구회와 국제문화연구회가 창립되어 학생운동의 조직적 기반이 형성되었다.

드디어 1980년 1월부터 청주의 대학가를 중심으로 민주화운동이 시작되었다. 은밀히 준비된 학원자율화추진대책위원회가 결성되고, 3월

---

* 《6월항쟁》, 254.

개학 이후 4월까지 각 대학은 학생회 구성을 완료했다. 지역 대학들은 학내 문제를 필두로 민주화 요구를 분출하기 시작했다. 가장 먼저 시위가 시작된 곳은 청주사대(현 서원대)였다. 4월 23일 재단비리 척결과 어용 무능 교수 퇴진을 요구하며 학내 시위가 시작되었다. 충북대는 신임 총학생회가 5월 7~10일로 예정된 축제를 놓고 반대여론이 일자 5월 6일 비상학생총회를 개최하여, 현 시국에서는 축제보다 전국적인 대열에 동참하여 신군부의 정권 탈취 음모를 물리쳐야 한다는 결론을 내고 시위에 들어갔다. 충북대 시위대는 가두 진출을 시도했으나 경찰의 봉쇄로 저지당했고, 다시 8일에는 1백여 명이 상당공원까지 진출했다가 경찰에 집단 연행되었다. 청주대도 3월 개학 직후 학원자율화추진위원회가 구성되어 학도호국단 철폐와 학내민주화를 요구하는 토론회를 실시하고, 4월 직선제 선거를 치러 총학생회가 출범되었다. 5월 전국적인 대학가의 민주화 열풍 속에, 5월 8일 학원자율화추진위원회의 강력한 요구로 학내 민주화 시위가 시작되어 가두진출을 시도했다. *

이런 상황 속에서 강원도 태백의 사북탄광지역 사건을 알리기 위한 마당극 '검은 산 검은 물'이 준비되어 5월 16일 저녁 청주대에서 공연이 이루어져 민주화 시위대에 앞장섰던 학생들이 모였다. 학생시위대 지도부는 시위를 통해 신군부의 정권 탈취 음모를 막아내고자 하면서도 계엄군이 학내로 진입할 경우 어떻게 대처할 것인가에 대한 대안을 모색했다. "대학휴교령이 떨어지고 계엄군이 진주하면, 각 대학 정문에서 항의 시위를 한다. 이것이 저지되면 성안길 국민은행 앞으로 모여 시위한다. 또 다시 저지되면 우암동 문화방송 앞으로 집결 시위한다."

---

* 《6월항쟁》, 255.

는 방안이 제시되었다.

그러나 계엄사령부는 1980년 5월 17일 밤 12시를 기해 계엄을 확대하고, 주동 학생들의 검거를 시작하여 학생시위대의 중심부를 와해시켰다. 계엄사의 학생 주동자 검거로 충북대 총학생회장 나경연 외 3명, 김성구, 김재수, 민봉규, 홍익표, 정지성, 청주대 총학생회장 김상훈 외 3명, 최병일, 김용명, 청주사대 총학생회장 박금옥 외 2명, 조상행, 이대현(서울대 휴학), 최종철(부산대 휴학) 등 대학생 20여 명이 검거되어 포고령 위반으로 처벌되었고, 민봉규, 김재수, 김용명, 최종철, 문성식(충남대), 이상헌, 권영국(공주사대) 등이 옥고를 치렀다. 시위 직후 5·18 광주항쟁을 알리는 김준태 시인의 시가 실린 유인물을 시내에 배포하려다 검거된 조순형(도시산업선교회 전도사), 이유근(도시산업선교회), 김창규(한신대 휴학) 등도 포고령 위반으로 검거되어 대전 계엄사령부에 끌려가 심한 고초를 당한 후 석방되었다. 1980년 5월 광주민주화운동사건 관련으로 투옥된 이들은 1981년 5월 석가탄신일 특사로 석방되었다. 그중 최종철은 고문 후유증으로 인해 9월 1일 세상을 떠났다.

1980년 10월 대학이 개교된 직후 비공개 조직으로 스며든 학생운동 조직에서는 광주 학살 원흉 전두환·노태우 신군부와 이를 용인한 미국에 대한 규탄 성명서가 뿌려져 광주의 진실을 알리려 시도했다. 1981년 5월 17일 기장청년회가 개최한 함석헌 선생 초청강연회(YWCA, 육거리)에서 김성구·이승원(충북대) 등이 광주 학살 원흉 처단을 요구하는 성명서를 뿌리며 시위를 일으키려다 체포되어 옥고를 치렀다. 이후에도 학내와 시내 곳곳에는 전두환 정권의 부당성을 알리는 전단이 시시때때로 배포되어 경종을 울렸다. 1982년 5월 다시 충북대, 청주대, 청주사대(현 서원대) 등 3개 대학이 연합하여 시위를 주도하다 사전 검거되어 옥고를 치렀다. 이승원·김선희·김영란·조미현(이상 충북대), 차재근(청주사대), 이준희·최재규(대학서점), 홍권희(충북대 조교) 등이었다. 이외에도 역할을 맡은 사람들은 검거를 피해 청주를 떠나 피신해야 했다.

1982년 10월에는 구자행(중문 2)이 충북대 사회대 합동강의실에서 광주 학살 원흉 처단과 민주화를 요구하는 전단을 뿌리며 시위하다 체포되어 옥고를 치렀다. 1983년에는 청주에서 기독교청년협의회(EYC) 전국대회 시위사건이 있었다. 즉 그해 8월 청주 일원에서 민주화와 사회 선교를 위해 개최된 전국 기독교 청년대회가 성대히 치러지는 가운데 이형식(충북대 중퇴)이 사회 모순 척결과 민주화를 요구하는 전단을 뿌리며 시위를 주도하다 체포되었다. 1983년부터 건설된 학원자율화 추진위원회는 학생 복지, 학칙 개정, 총학생회 부활 등 학내 문제를 주제로 하는 집회 및 공청회 개최를 통해 학생 대중들을 결집시켜 나갔다. 또 1983~1984년에 운천동 택지 개발 과정과 내덕동 안터벌 대학부지 토지 수용 과정에서 주민반대운동으로 충돌이 발생했는데, 이에 대해 청주도시산업선교회와 기독교청년회가 참여하여 주민들의 이익을 대변하는 치열한 싸움을 벌였다. *

---

* 《6월항쟁》, 257.

2장
청주 6·10 항쟁과 김정웅 목사

1. 충북민주운동협의회 결성

민주화운동 진영은 1985년 전국 각 지역 민주화운동의 전선운동을 세우자는 새로운 목표가 있었다. 이에 각 지역에서는 민주통일민중운동연합(민통련) 지역조직(지부) 또는 지역 민주화운동협의회를 추진했다. 충북지역도 1985년 4월 15일 각 부문의 조직들의 상호 협력과 연대를 통한 민주화운동의 새로운 방향 모색, 민중 문제의 해결을 목표로 하는 충북민주운동협의회(충북민협)가 출범했다. 청주도시산업선교회, 한국가톨릭농민회 청주교구연합회, 충북기독교농민회, 충북기독청년협의회, 청주교구 가톨릭대학생연합회, 민주청년회, 재경충북민주향우회, 문화운동단체협의회 등이 참여하여 지역의 민주화운동 역량을 총집결하여 대오를 갖추고 독재정권 타도를 위한 연합운동을 전개했다.

의장은 박용래 목사(덕촌교회), 상임위원으로 오상근(가농), 이유근(산선), 신언관(기농), 이도형 전도사(기독교), 이승원(민청), 김성구(기청협), 이장섭(가대), 고찬재(충주), 정성진(서울향우회) 등이 선임되었고, 초대 사무국장에는 김재수, 실무자로 이승원, 구자행, 김희식, 변지숙 등이 조직 업무를 맡았다. *

충북민협의 회원 단체였던 충북기독청년협의회는 한국기독교교회협의회(NCC) 가맹 교단인 대한예수교장로회(통합), 기독교대한감리회, 한국기독교장로회, 구세군대한본영, 대한성공회, 기독교대한복음교회 등 6개 교단 청년연합회가 모여 조직한 협의체이다. 1975년 3월 NCC 청년분과위원회 산하 EYC가 창립되었다. 주(主)도 하나 성령도 하나이시라는 에큐메니칼 신앙고백을 바탕으로 교회가 다양성 속에서 하나가 되기 위하여, 그리고 교회 청년 운동의 활성화를 위하여 교회 갱신과 교회일치운동을 전개해 나가며, 당시 한국의 상황을 그리스도의 고난으로 받아들여 억눌리고 소외되고 가난한 자와 함께하려는 사회선교적 사명을 바탕으로 선한 사마리아인 운동을 전개하였다. 충북기독교청년협의회는 1981년 11월 창립총회를 거쳐 1983년 4월 사무실을 마련하고, 충북 지역운동의 연대와 활성화, 에큐메니칼 정신에 입각한 사회선교적 사명을 실천하고자 노력하였다. 당시 매주 월요일 오후 7시 남문로 1가 154 육거리 시장통 회관에서 정기 월요집회로 모여 성서연구 및 제반 당면과제들을 토의하였다. 1985년도 임원은 회장 신진수(청북교회), 부회장 조택양(청주제일감리교회) 양항우(명암교회), 상임총무 김성구(청주제일장로교회), 협동총무 이찬구(구세군) 이주형(오송교회) 등

---

* 《6월항쟁》, 258.

이었다.*

1985년 외국 농산물 수입이 소 값 폭락으로 이어지자 농민들이 위기에 처하게 되었다. 4월 21일에는 청원군 북일면 내수리 서형석(당시 35세) 농민이 극약을 먹고 자살하여 국민들에게 큰 충격을 주었고 농민운동진영을 일어서게 했다. 서형석 농민의 죽음은 지역 농민단체로 하여금 새로운 돌파구를 모색하지 않을 수 없게 했다. 이에 충북기독교농민회 회원 신언관(총무), 배장환, 이도훈, 박장균 등은 1985년 4월 23일 미국대사관으로 진입하여, 외국농산물 수입 중단을 요구하는 구호를 외치며 시위하다 붙잡혀 연행되었고, 이 과정에서 심한 구타를 당하고 석방되었다. 이후 7월 17일 고 서형석 씨 추도식 및 외국농산물 수입 규탄대회를 거행하고 육거리 시장으로 나가 수입 반대, 소 값 보상을 요구하는 시위를 벌였다.

1985년 9월 9일 충북민협과 대학생 운동권이 조직적인 계획을 하여 김희식(민협), 장원덕(충북대), 정세영(성균관대 휴학), 최승영(청주대) 등이 당시 집권당인 민정당의 지구당사에 진입하여 유리창을 깨뜨리며 플래카드를 내걸고 시위했다. 학원안정법 철폐, 민주제 개헌 실시, 전두환 정권 퇴진, 민중생존권 보장을 요구했는데, 50여 명의 학생들이 거리에서 구호를 외치며 동조 시위를 했다. 이 사건으로 김희식 등 4명과 사선 모의틀 한 유수남(청주대)이 검거되어 옥고를 치렀다.**

1985년 10월 14일 청주 시내버스 대화운수의 운전기사와 안내양 42명 등은 하루 18시간 운전, 월 17만 원, 월 35만 원이라는 열악한 근로

---

* 《충북지역 민주화운동자료집》(2001, 11), 충북연대, 38.
** 《6월항쟁》, 259.

조건 속에서 어용노조를 탈퇴하고 회사의 탄압과 비인간적인 대우에 항의, 노동부에 진정하기 위한 상경 투쟁을 벌였다. 이런 노력에도 불구하고 당국은 노동 사찰과 기업주 입장을 옹호했고, 회사 측은 노동운동의 주축인 기사들을 '뼁땅 기사'로 조작, 음해하여 탄압하자 이에 항의하여, 1986년 3월 28일 김태웅 씨가 온몸에 신나를 붓고 분신을 하며 탄압에 항의했다. 이후 신신택시 최만수 조합장 해고 사건, 중원택시 한구현 조합장, 정희수·윤규상 기사 해고, 청주택시 박노영, 김만수 기사 등이 노동조합 결성 활동과 관련, 해고되어 부당해고 철회를 요구하는 투쟁이 이루어졌다.

당시 이러한 어려운 사회 상황을 염려하면서 김 목사는 1984년 10월 28일 명암교회 대예배에서 다음과 같이 설교했다.

성령의 탄식

 성경본문: 로마서 8:8~21

작년(1983년) KAL기 사건으로 세계가 떠들썩했습니다. 문제는 방향을 가르쳐주는 자동입력기가 고장이 났기 때문입니다. 멀쩡한 비행기에 다른 부속품은 이상이 없었는데, 방향을 바로 잡는 기계가 고장이 나서 영공을 침범했고, 비극이 일어났습니다. 이미 알래스카 공항을 이륙하기 전부터 고장이 나 있었으나 비행사도 승객도 알지 못해서 그 큰 일이 났던 것입니다. 고장 난 부속품은 몇 푼 안 되는 것이요 비싼 것도 아니었습니다. 조종사도, 기름도 다 있었습니다. 부품

하나가 문제였습니다.

여러분! 나의 인격에 어느 부분이 고장 나 있지는 않습니까? 나의 신앙에 어떤 부분이 고장 나 있지는 않습니까? 우리 인간에게도 어느 한 곳이 고장이 나면 큰 문제가 생긴다는 것을 알아야 합니다. 예수를 믿는다는 것은 한마디로 다른 사람이 보지 못하는 것을 보고, 다른 사람이 듣지 못하는 것을 들으면서 사는 인생을 의미합니다. 우리는 남들이 없다고 하는 것을 믿는 것입니다. 그 하나님을 믿고 삽니다. 가 보지도 못한 하나님의 나라를 가 본 것처럼 믿습니다. 오늘도 우리는 보지 못한 것을 보고 다른 사람이 듣지 못한 것을 듣고 삽니다. 믿음으로 천지가 하나님의 말씀으로 창조된 것을 알고 있습니다. 또 믿음으로 역사 속에 하나님의 심판이 있음을 믿고 있습니다. 다른 사람이 모르는 하나님의 심판을 매시간 영적인 눈으로 보며 두려워하고 떨며 살아가는 것이 그리스도인입니다. 모순과 부조리로 가득한 세상이라 하더라도 보이지 않는 중에 하나님의 살아 있는 구원의 역사가 있는 것을 믿고, 오늘도 주의 사랑이 여기 있다고 믿고, 또한 앞으로 주의 구원함이 있음을 믿으며 오늘을 살아가는 것입니다. 그리스도인은 다른 사람이 듣지 못하는 하나님의 음성을 듣습니다. 문밖에서 두드리시는 주의 음성을 듣습니다. 전쟁을 통해 두드리시고, 사건을 통해 두드리시며, 엄청닌 일들을 통해 계속 두드리고 계시는 주의 음성을 들으며 오늘을 삽니다. 그 음성에 진실하게 응답하며 사는 사람이 그리스도인인 것입니다.

예수님과 제자들이 마지막으로 예루살렘에 올라갈 때 제자들은 어깨가 으쓱했습니다. 예수님이 올라가시면 왕이 될 것으로 알고 우람한 예루살렘 성전을 보며 좋아했습니다. 예수님은 예루살렘을 내려다 보시면서 "예루살렘아! 예루살렘아!" 하시며 울었습니다. 그리고 40년 후에 돌 하나도 돌 위에 놓이지 않고 깨끗이 망할 그 날을 아시고 그 미래를 아시고 그 결정된 날을 바라보았습니다. 예수님은 제자들이 보지 못한 것을 보았고 저들이 듣지 못한 음성을 들었기에 우셨던 것입니다. 믿음은 이런 것입니다.

여러분! 탄식 소리가 들리십니까? 피조물의 탄식, 그리스도인의 탄식, 학생들의 탄식, 노동자들의 탄식, 성령의 탄식. 깊은 탄식 소리를 듣고 있습니까? 대포 소리는 들을 줄 알면서 양심의 소리는 듣지 못합니다. 폭탄 터지는 소리는 들으면서 의인의 깊은 탄식 소리는 듣지 못하는 바로 거기에 문제가 있습니다. 탄식을 들을 수 있는 귀는 귀중한 귀입니다. 깨끗한 마음이어야 이 깊은 탄식의 소리를 들을 수 있습니다. 함께 느끼며, 공감하며, 같은 생각, 같은 뜻을 가질 때에만 비로소 탄식의 소리를 들을 수 있습니다. 탄식이라는 말에는 성령과 우리의 관계가 인격적 관계라는 전제가 깔려 있습니다. 성령의 역사는 기계적이거나 마술적이거나 폭탄적이지 않습니다.

성령은 인격적으로 역사하십니다. 내 옆에 한 사람이 있듯이 보혜사 성령도 나와 함께 계시면서 역사하십니다. 권면하시고, 책망하시고, 심판하시고, 어떤 때는 슬퍼하시고, 근심하시고, 탄식하십니다.

성령님의 탄식은 있을 수 없는 일이 생겼을 때에 슬퍼하십니다. 이것은 깊은 사랑입니다. 말로 표현할 수 없는 슬픈 사랑의 표현이 탄식입니다. 미련한 사람은 몸이 아픈 것은 알아도 마음이 아픈 것은 모릅니다. 때로는 마음이 아픈 것은 알아도 영혼이 아픈 것은 알지 못합니다. 탕자는 배고픈 것은 알아도 아버지의 아픈 마음은 몰랐습니다. 지금 당장 내 눈 앞에 있는 사업의 실패는 알았지만, 자식을 위해 눈물

흘리는 어머니의 탄식은 들을 줄 몰랐습니다. 이것이 탕자요 탕아입니다. 성령은 우리 안에 계셔서 탄식하고 계십니다. 우리가 보이는 것에만 끌려갈 때 성령은 탄식하십니다.

그리스도인은 보이지 않는 것을 보며 사는 것입니다. "보이는 소망이, 소망이 아니니 보는 것을 누가 바라리요." 오늘 성경은 우리에게 말합니다. 그리스도인은 보이는 것을 중요하게 생각하지 않습니다. 양심, 선, 진리, 자유, 은혜. 이 모두가 보이지 않는 것입니다. 우리는 보이지 않는 것을 더 소중히 여깁니다. 현재적인 것이 아니라 미래적인 것, 현상적인 것이 아니라 깊은 것, 손으로 만지는 것이 아니라 마음에 부딪치는 것 우리는 그러한 것을 더 소중히 여깁니다. 물질이 아니라 영원한 것, 금세(今世)가 아니라 내세(來世)의 문제가 귀한 것입니다.

바울은 또 말합니다. "그리스도의 날에 너희는 나의 자랑이 되고, 나는 너희의 자랑이 되리라."(고후 1:14) 그 날에, 그리스도의 날에 우리 마음의 근거를 두고 오늘을 삽니다. 우리가 생각하는 것은 인간의 눈이 아니고 사람들의 구설수가 아닙니다. 우리의 걱정은 하나님의 눈이요 하나님의 손길입니다. 다른 사람이 내게 무어라고 하는가가 문제가 아니요, 적어도 믿는 사람은 하나님 앞에 어떻게 심판받느냐기 문제입니다.

문제는 항상 하나님 앞에 오늘을 사는 그리스도인에게 있습니다. 그런데 우리의 신앙이 왜 이렇게 세속화되고 물질주의화되었습니까? 누가 부자를 복받았다 하고, 가난한 자를 저주받았다고 할 것입니까? 누가 건강만 복이고, 병든 것이 저주라고 말할 수 있겠습니까? 성경 어디에 그렇게 말할 수 있는 근거가 있습니까? 우리의 축복관이 물질주의에 오염되었고, 자본주의화해 버렸습니다.

　여러분 부끄럽게 돈을 벌고 사는 것보다 의롭고 가난하게 사는 것이 복된 것 아닙니까? 추한 생을 오래 살기보다 의롭게 빨리 가는 것이 복된 것 아니겠습니까? 부끄러운 인생을 꾸역꾸역 산다고 무슨 소용이 있는 것입니까? 적어도 믿는 사람의 생각은 그런 것 아닙니까? 그런데 어째서 영원한 것을 버리고 현세적인 것을 택해야 합니까? 신령한 것을 버리고 물질적인 것을 사랑하느냐 말입니다. 현재 것만 생각하고 영원한 가치의 것을 소홀히 여길 때 성령은 이에 탄식하십니다. 우리 축복관, 우리 신앙관이 현세주의, 물질주의로 기울어지지 않았는지 다시 한 번 생각해 보아야 합니다. 신앙생활은 인내의 생활이요, 참는 생활입니다.

　"보지 못하는 것을 바라며 참으로 기다릴 찌니라." 기다림, 즉 대망(待望) 여기에 그리스도인의 신앙의 근거가 있습니다. 약속을 기다립니다. 하나님의 은총을 기다립니다. 주님의 재림을 기다립니다. 주님의 위로를 기다립니다. 기다림. 아브라함도 기다렸고, 모세도 기다렸고, 믿음의 조상들도 기다렸고, 이스라엘도 기다렸습니다. 특별히 욥의 인내를 보면 하나님의 위로를 기다리며 끝까지 버티었습니다. 그런고로 야고보는 말합니다. "욥의 인내를 배우라." 농사짓는 사람은 봄에 씨를 뿌려놓고 기다리며 가꿉니다. 농부의 인내를 배우라. 그 속에 신앙의 의미가 있는 것입니다. 그런데 길이 멀다고 지치고, 험하다고 저버리고, 원수보다 내가 더 악한 것이 돼 버리고, 세상이 부조리하다고 나도 그 길을 따라가서야 되겠습니까? 그러면 성도의 인내는 어디로 갔습니까? 여기에 문제가 있는 것입니다. 어떠한 경우에도 끝까지 참아야 합니다. 처음 마음, 처음 사랑을 요구합니다.

여러분! 참는다는 것이 무엇입니까? 한동안 잘 참다가 중간에 터져 버리는 사람이 있습니다. 그리고 하는 말. 내가 10년을 참았다고 합니다. 그 말까지 안해야 참는 것입니다. 10년 동안 벼른 것이지 참은 것이 아닙니다. 우리 인내의 끝은 하늘나라에 있는 것입니다. 참기 시작하면 말없이 참아야 합니다. 참기 시작했으면 찬송하면서 참아야 합니다. 불평, 불만, 원망, 신세타령하면서 참지 말고 깨끗하게 참아 보십시다. 처음 마음, 처음 사랑으로 일관하는 것입니다. 계시록 3장에 에베소교회에 대하여 예수님은 "처음 사랑을 버렸느니라." 하셨습니다. 처음 것 그대로 깨끗한 마음으로 일관해야 합니다. 처음 가졌던 충성된 마음으로 끝내야 합니다. 처음에 헌신했으면 헌신으로 마쳐야 합니다. 처음에 진실로 시작했으면 진실로 끝까지 관철해야 합니다. 도중에 쓰러지면 아무 소용이 없습니다.

"죽도록 충성하라. 그리하면 생명의 면류관을 얻으리라." 충성이란 말은 진실이란 말입니다. "끝까지 진실하라." 그 끝이 어디입니까? 하나님 뵈올 때까지 은혜로 시작했으면 은혜로 끝내야 합니다. 처음 가졌던 목적이 변경되어도 안 됩니다. 변질되어도 안 됩니다. 믿음으로 시작했으면 믿음으로 끝내야 합니다. 순종으로 시작했으면 순종으로 끝내야 합니다. 바치기로 작정했으면 바쳐야 합니다. 헌신하기로 했으면 헌신해야 합니다. 이제 와서 남이 알아주기를 바라서는 안 됩니다. 사랑으로 시작했으면 사랑해야 하고, 사랑으로 끝내야 합니다. 다시 이제 원망이나 미움이 있다는 말입니까?

우리가 지칠 때, 성도의 인내가 끝날 때 성령은 탄식합니다. 여기서 왜 중단하느냐? 또한 기도가 흔들릴 때 성령은 탄식하십니다. 성경은 중요한 선언을 합니다. "너희가 얻지 못함은 구하지 않음이요.

구하여도 얻지 못함은 정욕으로 쓰려고 잘못 구함이라."(약 4:3) 여러
분 깊이 생각합시다. 실패했을 때 사람들은 여러 가지 이유를 들이댑
니다. 정치, 경제, 사회, 심리적인 이유를 들어 말합니다. 그러나 믿는
사람은 그렇게 말하는 것이 아닙니다. 실패한 이유가 있다면 오직 하
나! 기도하지 않았기 때문입니다. 기도로 시작하고, 기도로 함께 하
고, 기도로 끝냈으면 문제는 없는 것입니다. 기도하지 않은 죄가 있습
니다. 또한 기도를 중단한 죄가 있습니다. 기도가 막히는 일 같이 어
려운 일은 없습니다. 믿는 사람은 다른 것은 몰라도 기도가 막히면 못
삽니다. 그런데 기도가 끊어질 때 엄청난 결과가 옵니다.

기도는 올바로 해야 합니다. 기도 제목이 잘못 설정되어서는 안 됩
니다. 정욕과 세상적인 욕심에 끌려가는 기도가 되어서는 안 됩니다.
세상적인 욕심을 걸고 기도하는 것은 잘못된 것입니다. 그렇게 기도
해서는 안 됩니다. 그것이 소원이 될 수가 없습니다. 그것이 성도의
소원이 되어서도 안 됩니다.

겟세마네 동산에서 "이 잔을 내게 지나가게 해 주소서." 이것이 처
음 기도입니다. 이것이 예수님의 바람이었습니다. 그러나 그 다음 기
도를 들어 보십시다. "그러나 내 뜻대로 마옵시고 아버지의 뜻대로
하옵소서." 산에서 내려올 때는 "아버지께서 주신 잔을 내가 마시지
아니하겠느냐?"(요 18:11) 하셨습니다. 바로 그 기도가 성령이 도우시
는 기도입니다. 그런데 소원 자체, 기도 자체가 빗나갈 수 있습니다.
자기만 생각하고, 이기적으로 잘못 가고 있을 때 성령은 탄식합니다.
"아니다. 그렇게 하는 것이 아니다. 그것이 이로운 것이 아니다. 그런
소원은 안 되는데…." 우리의 소원과 기도의 간구하는 제목이 어디를
향하고 있는지, 교회도 돌보지 않고, 세상도 돌보지 않고, 사회도 돌

보지 않고, 나 자신만 생각하는 그런 기도 제목, 그런 소원이 있을 때 성령은 탄식하십니다. 빌 바를 알지 못할 때, 욕심에 끌려서, 정욕에 끌려서, 세상에 빠져서, 기도가 나오지 않습니다. 빌 바를 모를 때 성령은 탄식합니다. 성령의 탄식을 없어야 했습니다.

오늘날 애통하는 문제도 중요합니다만 이미 애통했으면 오늘은 웃을 수 있어야 합니다. 오늘 애통할 수 있을 때 내일 기뻐할 수 있습니다. 여러분! 성령의 탄식을 듣습니까? 성령을 근심케 하지 맙시다. 성령을 소멸치 맙시다. 성령의 역사에 순종합시다. 큰 일이 있기 전에 우리 편안할 때 오히려 지금 성령의 탄식을 듣고, 순종하고, 회개하고, 애통할 때, 이제 성령은 우리에게 기쁨을 주고, 우리와 함께 하나님을 찬양하고, 우리의 일을 칭찬하고, 격려하고 충만케 할 것입니다. 그러할 때 그에게 협력하여 선을 이루실 것입니다.

2. 충북민주운동협의회 상임의장 김정웅 목사

김정웅 목사는 1986년 3월 충북민주운동협의회 상임의장을 맡으면시 민주화운동의 최일선에 나섰다. 1986년 봄을 맞이하여, 민주통일민중운동연합(민통련)을 중심으로 하는 재야운동권에서는 야당인 신민당(이민우 총재)과 함께 직선제 개헌을 주창하며, 재야와 정치권이 공동협력하여 전국적으로 개헌투쟁위원회 결성 명목으로 정치 집회를 시도했다. 당시 민통련은 1985년 3월에 25개 재야 민주운동단체들이 연합하여 발족한 단체로, 1983년 9월에 출범한 민주화운동청년연합(민청련), 1984년 6월의 민중민주운동협의회(민민협), 1984년 10월의 민주통일국민회의 등이 모체가 되었다. 그리하여 1986년 3월 8일 서울에 이어 3월 30일 광주, 4월 5일 대구, 4월 18일 대전, 4월 27일 청주, 5월 3일 인천으로 이어진 개헌현판식 집회는 전국적으로 국민들에게도 전두환 정권의 한계와 직선제 개헌을 통한 민주화라는 목표를 분명히 제시했다. 1986년 3월 27일의 충북민주헌법쟁취위원회 결성에 이은 4월 27일의 신민당 개헌 현판식과 군사독재타도 및 민주정부수립을 위한 충북도민 실천대회는 시민·학생들의 뜨거운 성원으로 성공적으로 치러졌다. 충북민협의 상임의장으로 김정웅 목사는 이 대회의 상징적 인물이었다. 그날의 집회로 김재수(민협), 정낙묵·오맥균·이창호·배성희·유영주(이상 충북대), 김기조(청주대), 이경현(청주사대) 등이 시위 주동 혐의로 검거되거나 수배되었고, 김두관(서울 민통련), 김주연(전북대), 이영진(원광대) 등도 붙잡혀 옥고를 치러야 했다. 청주 집회 이후 정권은 모든 정치집회에 대해 강경 대응 의사를 표명하고, 재야와 정치권은 총역량을 5·3 인천대회로 집결하여 전면 대결 투쟁으로 나섰다.*

4월 27일의 개헌 현판식 행사에 앞서 충북대 교수 32명은 4월 25일 "오늘의 시국에 대한 우리의 견해"라는 시국선언문을 발표하며 재야운동권의 직선제 개헌 민주화투쟁에 힘을 실어 주었다. 여기에는 구연철, 김승환, 서관모, 신호철, 안상헌, 오제명, 유초하, 윤구병, 전채린, 정동호, 허석렬 교수 등이 참가하였다.

이외에도 1985년 발생된 법인택시노조에 대한 탄압이 이어져 1986년 6월 후반까지 신신택시 부당 노동 행위와 중원택시 노조위원장 부당 해

---

* 《6월항쟁》, 260.

고에 대한 철회투쟁이 계속되었다. 또한 청주공단 내 성진사에서 구자행 등에 의한 임금인상 쟁취투쟁이 전개되었고, 대성여객 운수노동자들은 임금 인상을 승리로 이끄는 등 노동자들도 꿈틀대고 있었다. 1986년에 한길녀 씨 집 부당 철거와 성추행에 대한 투쟁으로 조순형, 이유근 등 3인이 옥고를 치르고, 청주도시산업선교회는 1987년 들어 청주택시·민중교통·낙원택시·동양교통 등에서의 임금투쟁을 지원하며, 한주전자 노동자들을 돕다가 조순형과 김태평 등이 다시 구속되었다.

학생운동 진영에서는 1985년부터 쟁취한 학생회 운영 경험을 토대로 대중노선이 부각되고 있었고, 1986년 4·27 개헌 현판식 투쟁을 통해서는 지역운동에 대한 고려와 인식이 싹트고 있었다. 학생운동권에서는 대학별로 장기집권음모투쟁위원회를 발족하여 조직적 준비에 돌입했다. 또한 당시 유력한 기독청년운동단체였던 EYC에서도 1986년부터 지역의 연대 사업에 적극 참여했다. 또한 8월 31일 거행된 고 최종철 동지 5주기 추모식을 마치고 시내로 들어오던 일행이 시내버스 밖으로 선전 전단을 배포하는 과정에서 경찰과 심한 충돌이 발생하여 다수가 청주경찰서로 연행되어 집단폭행 당하는 사건이 발생했다. 그래서 배장환(기농 총무), 김성구(기청협 의장) 등이 심하게 다쳤고, 이 사건으로 인해 차재근(기농)이 구속되고 배장환, 김형근(충민협 사무국장), 이주형(기청협 총무), 황규훈(청수대) 등이 구류 처분을 당했다.

농민운동은 1986년 청주 육거리에서의 소싸움과 1987년 청원군 농민협회를 위시하여 영동, 보은, 제천 등에서 자주적 농민조직을 속속 만들며 대중조직으로의 변신을 시도하게 된다. 1986년 후반에 이르러 농민회에서는 농가부채대책위원회를 결성하여 농민 문제 해결을 위한 싸움을 이끌며, 12월 30일 "농가부채에 대한 충북농민의 주장"을 발표하여, 수입농산물, 농정 실패 등에 의한 농가 파탄에 대해 적극적인 해결 방안을 촉구하고 나섰다. 특히 배장환을 회장으로 하는 청원군 농민협회는 옥산면 호죽리 농지정리 부실공사 대책을 강구하며 승리하는 한편, 회지인 《땀흘리는 농민》을 발행하였다.

문화계에서는 1984년 도종환, 김희식, 김창규 등이 대구와 함께 분단시대 문학동인을 결성하여 지역 민족문학의 기치를 올렸고, 1985년에는 충북민협 창립에 가담하여 지역민주운동의 한 축을 담당했다. 청주 제일장로교회를 중심으로 한 이종문, 곽한일 등의 '맥박' 노래패는 이후 지역의 노래운동단체인 '녹두꽃'의 산파역을 했다. 또한 강혜숙을 비롯 오세란, 허연희 등이 창립한 우리춤연구회는 "이 가슴 둥둥 북이 되어" 등 창작 춤판을 벌이는 한편 '열림터'라는 공간을 갖고 탈춤 강습과 목요마당 정기공연을 했다. 이들은 또한 지역의 각종 시위 현장에서 자신들의 몸을 사르는 것을 마다하지 않았다.*

김정웅 목사가 충북민협 상임의장으로 활동 중이던 1986년 9월 28일 명암교회에서 행한 "모든 사람이 가는 길"이란 설교 내용을 살펴보자. 죽음의 문제를 다루는 이 설교는 당시 위협을 무릅쓰면서 민주화운동에 참여한 한 목회자의 신앙적 고백이 담겨져 있다.

---

* 《6월항쟁》, 261.

모든 사람이 가는 길

 성경본문: 열왕기상 2:1~4

잠깐 다녀오는 여행이라면 갈 수도 있고 가지 않을 수도 있습니다. 시내 관광이나 이웃집 나들이라면 가지 않아도 별 문제가 없을 것입니다. 그러나 모든 사람이 가지 않으면 안 되는 길이 있습니다. 그 길은 죽음의 길입니다. 모든 사람이 가는 길이기 때문에 나도 언젠가는 갈 것이라 믿고 사는 사람들은 현명한 사람이고, 모든 사람이 다 가고 있는 길인데도 자기는 예외인 것처럼 처신하는 사람이 미련한 사람입니다.

본문은 죽음을 앞둔 다윗이 자신의 왕위를 계승하게 될 솔로몬에게 들려준 마지막 교훈입니다. 이 말씀을 통해서 하나님은 우리에게 귀한 메시지를 주십니다.

먼저, 다윗은 자신의 죽음을 예견했습니다. 그는 "내가 세상 모든 사람의 가는 길로 가게 되었습니다."(2절)라고 했습니다. 왕도 죽음 앞에서는 예외자가 아니었습니다. 장군들을 호령했고, 블레셋을 격파했고, 소년 시절에는 사자나 곰 새끼를 맨손으로 찢었고, 적의 대장 골리앗을 돌팔매로 쓰러뜨렸던 그였지만 죽음 앞에서는 어쩔 도리가 없었습니다. 죽음은 사자를 찢듯이 찢을 수도 없고 골리앗을 넘어뜨리듯 넘어뜨릴 수도 없고 신하에게 명령하듯 명령할 수도 없습니다.

미국 알링턴 국립묘지에 가면 케네디 대통령의 무덤이 있습니다. 동작동 국립묘지에 가면 이승만, 박정희 대통령 무덤이 있습니다. 천하를 호령하고 주름잡던 사람들이었지만 죽음을 호령하거나 다스리지는 못했기 때문에 그곳에 묻혀 있는 것입니다. 그 어떤 것도 죽음을 이겨낼 수는 없습니다.

호라티우스는 "이 세상의 권력이나 부가 끝끝내 이겨내지 못하는 한계 그것이 바로 죽음이다."라고 말했습니다. 다윗은 그 사실을 깨달았던 것입니다. 죽음이란 모든 사람들이 가는 길이며 그 누구도 그 길로 들어서지 않을 사람이 없다는 것을 그는 깨달았던 것입니다.

죽음은 너무나 평범한 진리이기 때문에 대부분의 사람들은 남들이 죽어 가는 것을 보면서도 "거참 안됐구먼. 평소에 조심했어야 하는 건데."라고 하거나 "인생이 허무하군. 어제까지도 함께 만났는데 하루 사이에 고인이 되다니," "간 사람은 갔지만 산 사람들이 불쌍하군."하면서 혀를 찬다든지 하는 것이 사람들의 반응입니다. 그러나 다윗은 "모든 사람들이 다 가는 길이기 때문에 나도 간다."는 진리를 갈파했습니다.

이 말씀 앞에서 우리는 다음과 같은 결론을 얻게 됩니다. "모든 사람은 다 그길로 간다. 다윗도 그 길로 갔다. 그러므로 나도 그 길로 간다." 다윗이 "나는 세상 모든 사람이 가는 길로 간다."고 했던 이 말의 본래 뜻은 "내가 그 길로 걸어 들어간다."는 것입니다.

저는 다윗의 "나는 죽음의 길로 걸어서 들어간다."는 말 속에서 마치 고향으로 돌아가는 순례자의 모습을 발견하게 됩니다. 다윗은 죽음 앞에서 두려워하거나 당황하지 않고 "죽음이 내게로 다가온다."고 하지 않고, "내가 죽음을 향해 걸어간다."고 했습니다. 전쟁에서 이기고 돌아오는 당당한 모습입니다. 무신론 철학자 하이데거는 "인간은 죽음을 향하는 존재"라고 했고, 세네카는 "죽음 자체보다 죽음의 수

반물들이 사람을 더 두렵게 한다."고 했습니다. 하이데거의 말은 어차피 인간은 죽음을 향하여 걸어가고 있는 존재 즉 죽기로 되어 있는 존재라는 뜻이고 세네카의 말은 죽는다는 사실 그 자체보다는 죽음에 수반되는 질병의 고통, 아픔, 슬픔, 고민 따위가 더욱 두려운 것들이라는 뜻입니다. 고린도전서 15장 55절에서 바울 사도는 "사망아 너의 승리가 어디 있느냐. 사망아 네가 쏘는 것이 어디 있느냐!" 라고 외칩니다. 이 말씀의 뜻은 죽음이 나를 이길 수 없으며 나를 쓰러뜨릴 수 없다는 것입니다. 그 이유는 예수 그리스도께서 죽음의 권세를 무너뜨리고 삼일 만에 부활하셨기 때문입니다. 예수님께서 부활하신 것을 내가 믿음으로 나도 부활하고 영생을 얻게 된다는 것을 믿으면 죽음이란 그다지 큰 문제나 불안의 요인이 될 수 없는 것입니다. 예수를 믿는 사람들에게는 죽음이 끝이 아닙니다. 죽음은 시작이며 시발점인 것입니다. 그것을 아는 다윗이기 때문에 자신의 죽음을 정돈하고 정리하면서 사랑하는 아들 솔로몬에게 마지막 유언을 할 수 있었던 것입니다.

다윗의 짤막한 유언을 읽어 보면, 위대한 신앙인의 삶을 볼 수 있습니다. 역시 위대한 사람은 생애 자체도 위대하지만 그들이 남기는 유언도 위대합니다.

아들에게 준 유언은 첫째로, 힘써 대장부가 되라는 것입니다. 대장부란 남자다운 남자를 뜻합니다. 여기서 말하는 대장부는 믿음과 용기와 지혜를 갖춘 사람을 뜻합니다. 하나님께서 이스라엘 지도자 여호수아에게 주신 말씀이 "너는 마음을 강하게 하라. 담대히 하라."는 것입니다. 특히 힘쓰라 = 노력하라. 무엇이 되려면 힘써야 합니다. 힘쓰지 않고 절로 되는 것은 없습니다.

미국 교포 가운데 황규빈 씨는 1964년 비행기표를 끊고 호주머니에 50불 넣고 미국 유학길 떠났습니다. 많은 고생 가운데 공부했고, 미국에서 공학박사 학위를 취득했습니다. 그리고 1975년도에 9,000불로 전자회사를 설립하여 힘쓰고 노력하는 가운데 연간 15만 대의 컴퓨터를 생산하여 1억 8천만 불의 매상을 올리고 직원 1,200명이 되는 큰 회사를 설립, 성공리에 운영하고 있습니다. 작년 한국기독교 100주년 사업에 많은 성금을 보내 오기도 했습니다. 노력하고 힘쓰고 애썼기 때문에 가능한 일이었습니다.

바울도 "부지런하여 게으르지 말고 열심을 품고 주를 섬겨라."(롬 12:11)고 했습니다. 우리가 신앙의 대장부가 되려면 열심을 품고 주를 섬겨야 합니다. 힘써야 신앙이 자랍니다. 신앙적 대장부가 되려면 교회 출석을 힘쓰고, 기도를 힘쓰고, 감사를 힘쓰고, 봉사를 힘쓰고, 전도를 힘써야 합니다. 그러면 왜 대장부가 되어야 합니까? 솔로몬은 왕이 될 사람입니다. 한 나라의 통치자가 되어야 할 사람이 옹졸하거나 편협하거나 소심하면 통치자가 될 수 없습니다. 대장부가 되어야 나라를 다스릴 수 있습니다. 졸장부는 통치자가 될 수 없습니다.

둘째로, 다윗이 남긴 유언은 하나님의 명을 지켜 그 길로 행하라는 것입니다. 하나님의 명령을 지켜 바르게 살아가라는 것입니다. 바르게 살려면 바른 표준이 있어야 합니다. 도둑질하고 사는 사람은 그 도둑질이 나쁘다고 생각하지 않기 때문에 도둑질을 계속 합니다. 교회를 떠나 세상으로 나가는 사람들 역시 그것이 나쁘다고 생각지 않기 때문에 그 일을 계속합니다. 그러기 때문에 문제는 삶의 표준입니다. 우리가 바르게 살기 위해서 어떤 것을 표준으로 삼아야 하겠습니까? 물건의 무게를 다는 것을 저울이라 하고 길이를 재는 것을 자(尺)라고 합니다. 그런데 만일 저울이나 자가 가짜라면 이건 보통일이 아닙니다. 레위기(19:36)를 보면 "공평한 저울과 추와 공평한 말과 공평한 되를 사용하라." 했고 잠언(11:1)에도 "속이는 저울은 주께서 미워하신다."고 했습니다.

우리가 사는 이 시대는 공평한 저울과 자가 없습니다. 무엇을 보고 누구를 보면서 바로 살자고 할 그 무엇도 그 누구도 없는 것이 우리 시대입니다. 다윗 시대도 충신 다윗을 죽이려고 3,000명 군대를 동원해 국력 소모, 국비 소모, 국민에게 위압감을 주었습니다. 애굽의 바로왕도 이스라엘 백성이 남자 아이를 낳으면 하수에 던져 죽이고 불법, 악법을 만들다가 망했습니다.

오늘 본문 3절 "주의 명을 지켜라," "그 율법과 계명과 율례와 증거를 기록된 데로 지켜라."의 뜻은 우리가 사는 표준이 하나님의 말씀이라는 것입니다. 하나님의 말씀이 저울이요 자입니다. 온 세상 사람이 다 나를 속여도 하나님의 말씀의 저울과 자는 속일 수 없습니다. 우리는 세상에서 속고, 배신당하고, 억울해하고, 땅을 칩니다. 세상은 그렇게 되어 있습니다. 그러나 하나님은 불변이시고 주님은 속이지도 배신하지도 않으십니다. 주님은 진실하시기 때문입니다. 길이요 진리요 생명이신 예수 그리스도를 따라 그 길로 걸어갑시다. 그 길만이 가장 안전하고 행복에 이르는 길입니다.

셋째로, 다윗의 유언은 이렇게 하면 형통하리라는 것입니다. "네가 무엇을 하든지 어디로 가든지 형통하리라." 이는 두 가지 면에서 형통하다는 것을 의미합니다. 먼저, 개인적인 면에서 형통하게 됩니다. 경제적으로, 정신적으로, 신앙적으로, 육체적으로 형통하게 된다는 것입니다. 요한3서 2절에 "네 영혼이 잘됨 같이 범사에 잘되고 강건

하기를 원하노라."고 했습니다. 영혼의 형통, 범사에 형통, 건강의 형통은 하나님이 주시는 선물입니다.

그 다음, 나라가 형통한다는 것입니다. 하나님을 멀리하고 교만하고 우상을 가까이 하고 제사장들을 85명이나 학살한 사울 왕조는 그 결과로 몰락했습니다. 아들 삼형제는 전사했고 사울 왕은 자살했습니다. 그러나 다윗 왕조는 하나님을 경외하고 섬겼기 때문에 융성하고 부흥했습니다. 솔로몬 왕의 경우도 하나님의 말씀을 따라 살면 나라가 흥성케 되리라는 것을 보여줍니다. 우리 조국 대한민국이 융성과 번영과 축복을 받으려면 하나님을 섬기고 사랑하고 그 말씀대로 살아야 합니다. 유행가 가수가 "아아! 대한민국 영원하리라." 악을 쓴다고 해서 영원해지는 것은 아닙니다. 개인도, 국가도, 하나님을 의지할 때 영원한 번영을 누리게 되는 것입니다.

다윗은 모든 사람이 가는 길을 가면서 언젠가 그 길로 걸어오게 될 사랑하는 아들에게 바로 믿고 바로 살다가 너도 그 길로 오라는 뜻으로 이 유언을 주고 간 것입니다. 그리고 이 교훈은 언젠가 우리도 그 길로 가야될 사람들이기 때문에 그 길로 가기 전에 하나님을 공경하고 바로 살다가 영원한 영생에 들어가야 한다는 것을 가르쳐 주고 있습니다. 길은 둘입니다. 영원한 죽음으로 가는 길이 있고, 영원한 생명으로 가는 길이 있습니다. 죽음의 길을 떠나 영생의 길로! 말씀 의지하고 영생의 길로 계속 걸어갑시다.

3. 충북목회자정의평화실천협의회 그리고 충북민주화실천가 족운동협의회와 김정웅 목사

뜨거웠던 87년 6월 항쟁의 길목에서 충북 민주화운동의 총집결체였던 충북민주운동협의회의 상임의장 김정웅 목사의 존재는 그 자체로 항쟁의 동력이었다. 1987년 청주지역의 민주화운동은 2월의 '고 박종철 군 추모기도회'로부터 시작되었다. 먼저 김정웅 목사가 회장으로 있던 충북목회자정의평화실천협의회(충북목정평)와 김영태 목사가 위원장이었던 청주지역인권위원회, 한사석 목사가 위원장인 기독교장로회의 교회와 사회위원회 등 개신교 단체들은 연합으로 2월 2일 청주서부교회에서 '고문폭력 추방 및 고 박종철 군 추도를 위한 성직자기도회'를 개최하였다. 김정웅 목사는 그때 충북목정평뿐만 아니라 전국목회자정의평화실천협의회에도 적극적으로 참여하여 1987년 5월 4일 형제교회당에서 열린 총회에서 회계로 피선되었다. 그리고 박종철 군 추모기도회는 2월 2일의 서부교회에 이어 2월 15일에 김정웅 목사가 시무하고 있던 명암교회당에서 다시 한 번 개최되었다. 오후 2시 반에 있었던 추모기도회는 가두시위로 이어졌다. 신순근 신부와 곽동철 신부를 중심으로 하는 천주교도 2월 7일 내덕동성당에서 가두추모식과 시내까지의 침묵 시위를 거행하였으며, 이어서 2월 10일에는 천주교 청주교구 정의구현사제단 주최의 고문추방기도회를 열었다. 여기에는 6백여 명이 참석하였다.

충북민주운동협의회도 박종철 군 치사 직후 사무실에 추모 분향소를 차리고 대중적 홍보를 하다가 경찰로부터 압수수색을 당하면서 공방을 벌였다. 충북민협은 4월 7일 3차 정기총회를 통하여 대중노선을 지역운동의 방향으로 합의하고, 5월 투쟁의 준비 작업으로 실무팀과 장기집권 분쇄투쟁위원회를 설치하였다. 4·13 호헌 조치 이후 충북민주운동협의회는 4월 22일 발행한 《함성》지를 통하여 호헌을 군부독재의 연장과 전두환이 실권자로서 자리를 확고히 하려는 장기집권 음모의 획책이라 규정하고, 호헌 분쇄·민주헌법 쟁취·전두환 군부독재 타도를 주장했다.

김정웅 목사는 1987년 5월 11일 명암교회당에서 창립된 충북민주화실천가족운동협의회에 종교계 인사로 참여하였다. 가녀린 민가협 어머니들이 "장기집권을 위한 군부독재의 4·13 호헌 조치는 민족사의 비극이다."라는 창립 선언을 통해 호헌 책동 분쇄, 탄압 중단과 양심수 석방, 미국의 정치 간섭 중단 등을 주장하며 정권에 포문을 연 것이다. 당시 전국적으로 조직되었던 민가협은 1985년 9월 수입농산물 반대 싸움, 전두환 정권 퇴진 요구 투쟁이 계속되는 과정에서 구속된 민주인사, 학생들에 대한 가혹한 고문과 용공 조작 기도로 인권이 심각하게 침해당하는 상황에 이르자 종교계와 재야운동권이 연대하여 고문과 용공 조작의 심각성을 알리고 이에 의한 희생을 저지하기 위하여 출범되었다. 충북의 경우도 충북민협이 중심이 되어 종교계와 정치권, 재야가 함께 이 조직을 결성하여 인권 보호를 위한 역할을 담당했다. 여기에는 김정웅 목사와 아울러 박용래 목사, 정진동 목사, 이쾌재 목사, 김창경 목사, 이한구 신부, 곽동철 신부, 신순근 신부, 허종현 신부, 정기호 변호사, 김현수 국회의원 등이 참여했다.

4. 충북예장 목회자 단식과 김정웅 목사

6월 항쟁은 양심적인 교수들이 먼저 깃발을 들었다. 청주사대의 김

1990년 보안사 불법사찰 항의 집회 때
(앞줄 왼쪽이 이무영 의원, 가운데가 김정웅 목사)

정기, 변성규, 손문호, 송규범, 이태우, 조명화, 최우근 등 15명의 교수들은 민주헌법으로의 개정과 그에 의한 정권 교체만이 난국 타개의 첩경임을 선포했다. 또한 충북대의 강희경, 김승환, 민경희, 배영목, 서관모, 안상헌, 오제명, 유진채, 유초하, 윤구병, 전채린, 정동호, 정진경, 최세만, 허석렬 등 36명의 교수들은 '현 시국의 불안과 혼란을 극복하기 위한 우리의 견해'를 발표하고 4·13 담화의 철회, 민주적 개헌, 국민 의사를 왜곡·억압하는 권력 행사의 중단을 요구했다.

가톨릭 신부들도 다시 나섰다. 5월 11일, 11명의 천주교 청주교구 사제들은 단식기도회 시작 성명을 내어 4·13 중대 결단은 중대 실책에 불과하며, 민주정부 수립이야말로 전 국민의 강력한 희망임을 선포했다. 이어 이틀 후인 13일, 개신교로 투쟁의 불길이 번졌다. 기독교장로회

충북노회 소속 목회자들 즉 강진국, 김창규, 박오동, 박용래, 서정소, 음
태봉, 이도형, 이훈일, 정차기, 한사석 목사 등은 청주제일교회에서 단
식기도에 들어가며 4·13은 하나님의 뜻에 도전하는 죄악이고, 국민 여
망을 저버리는 배신행위이므로 호헌 조치는 철폐되어야 하며 군부독재
는 퇴진해야 함을 역설하였다.

그리고 1987년 5월 19일에는 김정웅 목사가 소속된 대한예수교장로
회(통합) 충북노회와 충청노회의 목회자 45명이 단식기도에 들어갔다.
'현 시국에 대한 충북예장 목회자의 입장' 이란 성명을 통해 4·13 호헌
선언 즉각 철회를 요구하고, 민주화 세력과 공동전선을 전개하며 민주
화를 실현해 갈 것을 다짐한 이 단식에는 김정웅 목사를 비롯하여 아래
와 같은 목회자들이 참여하였다. *

현 시국에 대한 충북예장 목회자의 입장

하늘나라의 평화와 정의로운 질서를 정착시켜, 참된 민주와 평화통일을
이루기 위해서 기도하는 성직자로서 최근 시국의 심각한 상황에 대하
여 신앙적 양심과 책임을 통감하고 단식기도에 임하면서 아래와 같이
우리의 입장을 천명한다.

1. 우리 모두는 정직한 회개를 하자.

하나님이 주신 나라와 민족이 5·16 군사혁명 이후 26년과, 광주 학살
정권 7년의 군부독재집권으로 질곡할 때, 교회가 묵인 내지는 지지, 협
력한 죄와, 불의와 불법에 대항하여 예언자적이고 순교자적인 행동을

---

* 《충북지역 민주화운동자료집》(2001, 11), 충북연대, 244.

증거하지 못한 죄를 깨닫고, 목회자로서 먼저 단식하며 회개하고 이 회
개운동이 전 교회적으로 확대되도록 한다.

2. 4·13 호헌선언을 즉각 철회하라.

민주화를 위한 개헌은 역사의 필연적 요구로서 현 집권당에서도 수렴
한 사실로 어떠한 이유로라도 호헌론은 설득력이 없다. 4·13 이후 지
성인들이 각계각층에서 불같은 반대를 하고 연일 학생들의 데모 시위
에 폭력으로만 대처하는 현실에 온 국민은 염려하고 고통하고 있다. 선
명야당의 출현, 정부 이양, 올림픽 개최 등등이 민주개헌을 유보할 수
없으며 호헌은 군부독재의 장기집권 음모로 규정할 수밖에 없다.

3. 민주화는 조속히 실현되어야 한다.

군부독재의 첨예화된 정보정치와 구조적이고 제도적인 폭력적 방법으
로 정치적 억압, 경제적 수탈, 문화적 탄압, 선교자유 침해를 자행하여
오늘의 난국에까지 이르렀다. 정통성이 없는 정부가 할 수 있는 최악의
사태를 경험하는 국민과 목회자들의 분노는 독재를 타도하고 민주정부
가 수립될 때까지 모든 민주화세력들과 공동전선을 전개하여 반드시
민주화를 실현한다.

1987. 5. 19
대한예수교장로회 충청노회, 충북노회
나라와 민족을 위한 단식기도회 참가자 일동

- 단식기도회 참가자명단(1차) -

김갑태(충북교회) 정동범(상당교회) 신봉우(인차교회) 최승(대청교회) 김진홍
(금천교회) 한종근(황청교회) 정삼수(상당교회) 진태선(형동교회) 최창호(사리
교회) 박응규(화성교회) 민강기(학림교회) 이상호(도안교회) 이광희(운교교회)

배영도(신전교회) 김영일(성민교회) 노영우(청주남교회) 최현성(청주남교회) 문관해(보은중앙교회) 노재건(내수교회) 이기녕(거현교회) 박일우(백석교회) 김영윤(용곡교회) 김동호(송면교회) 최덕현(청북제3교회) 전남해(묵방교회) 박주옥(청산교회) 최방림(동이교회) 김영규(군서중앙교회) 오연균(석판교회) 이현(산남교회) 김현국(주성교회) 김정웅(명암교회) 최재권(신성교회) 민병억(복대교회) 김영태(청북교회) 강병만(대농교회) 성희경(미원교회) 박성식(백자전교회) 김완희(대광교회) 이내혁(괴산북교회) 마성호(혜성교회) 이정우(산성교회) 김기섭(청주서교회) 추교화(대청교회) 유운걸(문백교회)

5. 민주헌법쟁취국민운동 충북본부 의장 김정웅 목사

1987년 5월 15일 충북민협 등 민주운동단체들은 기존의 투쟁을 극대화하기 위하여 각계의 열기를 모아 충북지역장기집권·호헌책동분쇄투쟁위원회를 전국 최초로 결성하였다. 김정웅 목사는 이 위원회의 위원장으로 추대되었다. 군사독재 탄압이 극심했던 시기였으므로 최대한의 보안을 유지하며 수차례 논의하던 끝에 재야 정치 세력과 종교계 인사를 대거 참석시켜 조직의 보위를 도모하는 한편 각 운동권의 실무진을 중심으로 한 논의 틀을 형성한다는 기구 결성의 원칙을 합의하고 곧바로 조직에 착수했다. 그 결과 전국에서 가장 빠른 속도로 90여 명의 고문, 의장, 실행위원단을 갖춘 조직으로 결성되었다. 투쟁위원회는 5월 21일 청주제일교회에서 '호헌철폐를 위한 범도민대회'를 갖고 가두로 진출, 밤 12시까지 공단과 대학에서의 산발 시위를 함으로써 사실상 6월 항쟁의 서곡을 울렸다. 이 명칭은 전국적인 '민주헌법쟁취국민운동본부'가 5월 27일 이루어진 후 6월 5일 각 지역 의장단 연석회의를 통해 전국적인 명칭 통일을 기하기로 함에 따라 '민주헌법쟁취국민운동 충북본부'로 그 이름을 개칭하고 6·10대회를 맞아 일반에 공표했다. 그 조직은 다음과 같다.*

> **고문단** : 김영태, 노영우, 정진동 외 10명
> **의장단** : 허종현(신부) 한사석(목사), 김정웅(목사), 정기호(변호사) 등 4명
> **실행위원** : 이도형, 이유근, 오상근, 최병찬, 정용윤 등 80여 명
> **실무책임** : 정지성(사무처장), 김희식(총무, 조직국장), 윤송현(홍보) 등
> **참여단체** : 충북민주운동협의회, 한국가톨릭농민회 충북연합회, 충북기독청년협의회, 청주도시산업선교회 등 14개 단체

1987년 6월 10일 열린 고문 살인 은폐 규탄 및 호헌 철폐를 위한 충북도민 실천대회를 시작으로 6월 민주항쟁은 절정을 맞이했다. 민주헌법쟁취국민운동 충북본부는 10일 오후 2시 육거리 청주제일장로교회에서 '고문살인은폐규탄 및 호헌철폐를 위한 충북도민 실천대회'를 가질 예정이었다. 그러나 경찰은 이날 대회 장소인 제일교회 및 육거리시장을 완전히 봉쇄했다. 육거리시장에 삼삼오오 모인 시민들과 학생들, 그리고 농민 회원들이 집회 장소 진입을 위해 몸싸움을 벌였고 그리하여 대회는 최루탄 가스 속에 가두에서 진행될 수밖에 없었다. 제일교회의 타종을 시작으로 대회는 가두시위로 발전하여 국민은행 앞, 중앙공원 등 시내 15곳에서 시위가 있었다.

---

* 《6월항쟁》, 263~264.

오후 2시 55분쯤 육거리시장 입구에 시민들이 몰려 있자 청주경찰서장은 해산을 종용했다. 그러나 시민들이 움직이지 않자 최루탄을 무차별 발사했다. 이에 청년 학생 2백여 명은 미평 방면으로 밀리다 시장통 4거리에 들어와 연좌 시위에 들어갔고 국민운동본부 소속 목회자, 회원, 시민 등은 경찰에 몸싸움으로 맞섰다. 시위대는 둘로 갈라져 국민운동본부 일행은 중앙공원으로, 다른 쪽은 국민은행 방면으로 나아갔다. 김정웅 목사를 위시한 3백여 명의 일행은 오후 3시 50분쯤 중앙공원에 집결했다. 중앙공원에서 이들은 실천대회를 가지려 했으나 경찰은 최루탄을 난사했다. 오후 5시 30분쯤 경찰은 축도하고 마치려는 목회자들을 향해 또다시 최루탄을 난사했다. 시민들의 거센 항의에 기동대장은 시민과 본부 임원들에게 사과했다. 이 날 시위대들은 상업은행 앞 시청 앞 등 도심지 곳곳에서 밤 11시까지 시위를 계속했다.

6월 19일과 20일의 대규모 시위를 거쳐 6월 26일 청주 시민들의 열기가 다시 치솟았다. 민주헌법쟁취를 위한 도민평화대행진이 오후 6시부터 석교동 육거리에서 민주헌법쟁취국민운동본부의 계획대로 개최되었다. 경찰은 이날 오후 4시부터 1천여 명의 정사복 경찰을 시위 예상 지역인 석교동, 육거리, 청주약국, 민정당 도지부, 남궁병원 등 시내 중심가 곳곳에 배치하고 집회 장소를 원천 봉쇄했다. 그런데 당시 국민운동 충북본부 의장이었던 김정웅 목사는 의장단의 정기호 변호사, 한사석 목사 그리고 정진동 목사, 노영우 목사와 함께 오후 5시 40분쯤 국민은행 앞에서 강제 연행되었다. 그러나 한 무리의 농민들이 육거리시장 사거리에서 이미 전경들과 몸싸움을 하고 있었고 7시쯤 육거리 간선도로 변에 모여 있던 시민들 1천5백여 명이 차도로 들어서 교통이 완전 차단되었다.

　시민들의 거센 항의로 풀려난 국민운동 충북본부 김정웅 의장 등 목회자와 대학생, 시민들은 애국가를 부르고 독재 타도 등 구호를 외치며 태극기를 앞세우고 행진을 하여 남궁병원 앞과 동강백화점 앞으로 진출했다. 6월 27일 역시 수천 명의 시위대가 오후 7시부터 국민은행 앞에서 대중 집회를 열고 민주헌법 쟁취, 민주정부 수립을 위한 결의를 다졌다. 그리고 6월 29일을 지나 7월 9일에는 청주제일교회에서 국민운동본부 주최로 이한열 추모대회가 열렸다. 교회를 메운 사람들의 얼굴에선 승리했다는 자신감이 서려 있었다. 추모식 후 이어진 추모 행렬에서 추모 만장을 앞세우고 김정웅 목사 등 목회자와 학생들이 그동안 투쟁을 이끌었던 많은 이들이 뒤따르는 가운데 시민들의 격려와 환호가 잇달았다.＊

　6월 항쟁 기간 중 김정웅 목사와 관련된 에피소드가 전설처럼 내려온다. 하나는 87년 6·10 항쟁의 역사적인 집회를 앞두고 갑자기 의장 김정웅 목사와 연락이 두절된 것이다. 당시 운동본부 집행부는 김정웅 목사가 경찰에 연행된 줄로 오인해 실랑이를 벌였다. 그런데 알고 보니 김 목사는 교회에서 철야기도를 하고 있었다. 또 하나는 명암교회 청년의 결혼 주례를 앞두고 김 목사가 서울에서 열린 전국목회자정의평화실천협의회의 집회에서 삭발을 한 일이었다. 삭발을 한 김 목사는 신랑과 그 가족에게 주례를 할 수 없게 되었다고 정중히 양해를 구했지만 오히려 신랑 측에서 삭발 주례를 흔쾌히 받아들였다. 결국 김 목사는 삭발한 채로 결혼 예식의 주례를 맡았다. 그 신랑이 바로 명암교회에서 자란 김남하 선생(당시 명암교회 주일학교 교사)이다. 김 선생은 후에

＊《6월항쟁》, 264~271.

명암교회 교육전도사를 거쳐 지금은 청산교회 목사로 시무하고 있다. 6·10 항쟁이 있었던 1987년 초 김정웅 목사의 명암교회 설교를 들어보자. 이 설교를 통해 그는 새해에는 새로운 역사를 만들어 가는 그리스도인이 되자고 교인들에게 역설했다. 당시 새로운 역사를 만든다는 것은 민주화된 새로운 시대를 만드는 운동에 동참한다는 것을 의미했다.

역사를 만드는 사람

 성경본문: 열왕기상 2:1~4

옷가게에서 파는 옷 중 이미 만들어진 옷을 기성복이라 하고, 자기 몸을 재서 그에 맞게 만든 옷을 맞춤복이라고 합니다. 세상을 살아가는 사람들 가운데 이미 만들어진 대로 세상을 살아가는 사람도 있고 자신이 만들어서 인생을 살아가는 이도 있습니다. 이런 사람을 자수성가한 사람이라고 합니다. 자신이 만들어서 세상을 사는 사람을 창조적인 사람이라고도 합니다. 요즈음에 민주주의를 외치다가 옥중에 들어간 사람을 양심수라고 합니다. 양심수라고 하는 말도 역시 민주주의를 사랑하는 사람들이 부르는 단어이고 이 양심수를 정부 입장에서는 좌경화된 사람, 용공이라고 합니다.

빌레몬서에 보면 바울이란 사람은 전도하다가 옥중생활을 많이 했습니다. 당시 정치인들은 바울을 사회를 혼란케 하는 사람이다, 사람을 유혹하는 사람이라고 했습니다. 그러나 신앙을 가진 성도는 전도하다가 옥중에 들어간 사람을 하나님의 종이라, 전도자라 합니다. 바울은 옥중에 갇혀 있어도 많은 일을 했습니다. 옥중에 갇힌 사람들을 전도해서 새로운 삶을 살도록 했습니다. 그런 사람을 "갇힌 중에서 낳은 아들"이라고 했습니다. 바울은 옥중에서도 만들어 살 줄 아는 슬기를 가지고 있었습니다. 옥중에서 새사람 만들고, 좋은 글을 써서 읽는 이로 하여금 감동 감화 받게 했습니다.

이웃을 만들면서 사는 사람도 있습니다. 어떤 사람은 명암교회가 자신을 알아주지 않는다고, 이웃 사람이 자신을 알아주지 않는다고, 교회를 비난하고 이웃을 비난하는 사람이 있습니다. 생각해 보십시다. 도대체 내가 무엇이기에 세상이 내게 굽실거리기를 바랍니까? 내가 무엇이기에 교회가 내 앞에 굽실거리기를 바라는 것입니까? 내가 먼저 남을 위해 주고 친절을 베풀어 주면 자연히 친구가 생길 것입니다. 이사람 이래서 싫고, 저사람 저래서 싫다면 이웃과 담을 쌓기 때문에 결국 이웃이 없는 고독한 인생을 살게 됩니다. 우리 이웃 만들어 가면서 삽시다. 노예 오네시모는 주인 빌레몬의 물건을 훔치고 도주했으니 배신자요 도적이었습니다. 바울은 이 사람을 자기 심복으로 만들었습니다. 즉 바울은 악한 사람을 선한 사람으로, 쓸모없는 사람을 쓸모 있는 사람으로, 원수를 친구로 만들어 살았습니다. 우리 올 한 해 그런 삶을 삽시다.

환경을 만들어 살아가는 사람이 됩시다. 감옥이란 불결하고, 불편하고, 부자유하여 고생스러운 곳입니다. 바울은 이 고통스럽고 저주스러운 감옥에서, 기도하는 곳으로, 하나님 생각하는 곳으로, 묵상하는, 하나님과 영적으로 만나는 장소로 만들었습니다. 뿐만 아니라 성경을 기록하는 집필 장소로 삼았습니다. 옥중에서 쓴 것이 에베소서, 빌립보서, 골로새서, 빌레몬서입니다. 명심할 것은 스스로가 환경을 만들어 살 줄을 모르면 에덴동산에 갖다 놓아도 별 수 없다는 사실입니다. 바울처럼 내가 할 일을 만들어야 합니다. 친구도 만들어야 합니다. 환경도 만들어 산다면 그곳이 바로 천국입니다.

성령의 풍성한 열매 맺는 교회가 되려면 그 일을 시작해야 합니다. 농부가 밭을 갈고 씨를 뿌리듯이 무슨 일을 시작하려면 적어도 세 가지 요건이 구비되어야 합니다. 첫째 꿈과 이상이 있어야 하며, 둘째 창의적인 지혜가 있어야 하고, 셋째 결단과 희생이 있어야 합니다. 역사를 만드는 사람은 바로 위의 세 가지 요건이 구비되어 있어야 합니다. 아브라함은 역사를 만드는 사람이었습니다. 하나님의 말씀에 대한 비전과 창조적인 지혜와 본토와 친척과 아버지 집을 떠나는 용단이 있었기 때문입니다. 역사를 만들지 못하는 사람은 힘들지 않고, 실수도 없이, 창조 없는 인생이 됩니다. 아브라함은 하나님을 섬기는 선민의 나라를 만들었습니다. 큰 업적이 된 것입니다. 아브라함은 하나님의 말씀을 따라 할례 제도를 만들었습니다. 할례는 성별과 헌신의 표시이며 하나님의 말씀을 따르겠다는 순종을 의미합니다. 또 십일조 제도를 스스로 만들어서 청지기 신앙고백을 시작했습니다. 하나님께서 아브라함에게 십일조를 강조한 것이 아니라 스스로 자원해서 헌신했던 것입니다. 역사를 만드는 사람은 위대한 사람입니다. 무슨 일이나 다 시작한다고 위대한 것은 아닙니다. 또 돈 있고 시간 있고 능력 있다고 아무것이나 시작할 수도 없는 일입니다. 역사를 만드는 사람이 하는 일은 하나님께 영광 되는 일이라야 하고 이 사회에는 공익성이 있어야 하고, 시간적으로 영원한 가치가 있는 일이라야 할 것입니다.

다음은 그 시절을 함께 했던 이명남 목사(현 당진교회 시무)의 회상이다.

김정웅 목사님을 회상하며

나는 대전신학교를 다니다 휴학하고 사업을 하다가 10여 년 만에 다시 신학교에 복학하여 김 목사님을 만났다. 당시 나이가 비슷하여 쉽게 어울릴 수 있었는데 건장한 체격에 호탕한 웃음이 그의 매력인 것 같았다. 대전신학교를 같이 졸업하고 그는 당진에서 목사로 시무하며 단국대학교를 다니면서 청주 명암교회 2대 교역자로 새로 부임하여 가고, 나는 그가 시무하던 당진교회로 옮겨 목회를 하게 되었다. 그는 당진에서 신용협동조합을 설립하여 문턱이 높던 당시의 은행 제도에서 어려운 사람들이 함께 더불어 사는 신용사회를 만들어 가는 데 크게 기여하였으며, 지금은 자산이 600억 이상의 대형금고로 우뚝 서 많은 서민들에게 기여하고 있다. 또한 노인대학을 세우는 등 이 사회에서 관심이 없던 복지사업을 이미 80년대 초에 세워 지역사회에 많은 관심을 가지신 선각자다운 목회자이시다.

군사정권 시절 우리는 같은 생각을 가지고 군사정권 퇴진 운동에 참여하였다. 1987년 호헌 철폐 운동에 참여하면서 우리는 함께 삭발단식에 들어가 기장 선교교육원에서 2주간 단식을 하며 철폐 운동에 참여하였다. 군사 장기집권이 종지부를 찍고 국민 직선제로 대통령을 선출하기로 정부가 국민에게 약속하였으나 전두환 전 대통령은 사회가 혼란스럽다는 이유로 당시 장충체육관에서 간선제를 선언하였다. 이에 목회자들이 삭발단식 투쟁을 하였고, 1,000명 이상의 동조 삭발이 진행되었으며, 그 투쟁의 결과로 지금까지 우리 손으로 대통령을 선출하고 있다. 그는 강직하였으며 불의와 타협할 줄 모르는 외골수 투쟁의 전사로 바뀌어 가고 있었다. 그는 모든 집회에 참석하면서 군사정권 퇴진과 이 땅의 민주화를 위하여 민주화운동에 적극적으로 참여하여 전국 목회자 정의평화위원회 위원장을 역임하였고, 김대중 대통령 후보 시절 김 목사님은 7인 위원 중 한사람으로서 수평적 정권 교체를 열망하던 많은 국민들과 이 땅에 진정한 민주국가 수립을 원했던 목회자들의 헌신적 협력으로 민주정부 수립에 기여하였다.

청주 명암교회 건축 중 버팀목을 철거하다가 교회가 무너져 폐허처럼 되었을 때 곡괭이를 직접 들고 무너진 교회를 정리하던 모습이 30년이 지난 지금도 눈앞에 선하다. 목회 현장에서 그는 자기 물질을 조금도 아끼지 아니하고 헌신적으로 교회를 섬기는 삶을 통해 많은 동역자들에게 큰 감동을 주는 충성스러운 주님의 종의 모습을 보였고, 어두운 시대에 고뇌하며 민주화와 이 땅의 통일과 평화를 위해 민중과 함께 살아온 그의 삶은 아름다운 모습이었다. 얼마 남지 않는 목회에 더욱 주님의 발자취를 남기시는 주의 종이 되시기를 빕니다.

2009. 10. 8

이명남 목사

3장
1980년대 후반 민주화운동과 김정웅 목사

1. 5공 비리 척결을 위한 목회자 단식기도회

6·10 항쟁 이후 노태우 정권이 들어서면서 민주 진영이 가지고 있던 초미의 관심사는 5공 비리 척결과 광주항쟁의 진상을 규명하는 문제였다. 당시는 6·29선언이 발표된 지 1년이 넘었지만 민주·민중운동에 대한 탄압과 공권력의 불법적인 폭력으로 상징되는 민주화 역행 움직임이 여러 경로를 통해 나타나고 있었다. 이러한 상황에서 전국목회자 정의평화실천협의회(전국목정평) 회원들은 1988년 8월 29일부터 9월 2일까지 5일 동안 5공 비리 척결을 위한 단식기도회를 가졌다. 바로 그해 5월 12일 기독교회관 대강당에서 회집되었던 전국목정평 제4차 총회에서 부의장으로 선출된 바 있었던 김정웅 목사는 그 단식기도회에 참여하였다.

　　5공 비리 척결을 위한 단식기도회 첫째 날은 모두 머리띠를 두르고 개회예배로 시작하였다. 오후에 오충일, 문동환 목사가 격려차 방문하였고, 저녁 예배는 이명남 목사가 설교했다. 둘째 날 아침 예배는 예장의 홍성현 목사가 설교했다. 오전 회의에서는 단식 기간과 기도회의 확산 방안이 주로 논의되었다. 연희궁(전두환의 집)이나 검찰청으로 쳐들어가자는 의견도 있었다. 낮 예배(김상근 목사 설교)후 비디오 〈살바도르〉를 시청했다. 오후 3시부터 있었던 '나의 인생과 목회' 시간에서는 장성룡, 이명남 목사의 삶을 경청했다. 저녁예배 후 〈모던타임즈〉를 감상했다. 셋째 날 아침 예배는 이해학 목사가 인도했다. 수요예배로 몇 명 외출했고, 박영모, 이해학 목사의 인생이야기를 들었다. 또 한국신학교연구소의 박성준, 강원돈 선생이 방문하여 "현대신학 동향과 민중신학 전망"이라는 주제로 강의했다. 저녁에는 〈잡초〉를 감상했다. 9월 1일 넷째 날은 김찬국 목사의 아침 예배 인도에 이어 오후에는 지역 의장들이 상경 방문했다. 임시중앙위원회를 열어 지역 역량에 따라 단식기도회와 집회를 벌여나가기로 하였다. 그리고 단식은 다음날까지만 하기로 하였다. 저녁 예배 때 청년 학생들이 동참, 철야농성하기로 하고 함께 참여했다. 또 새문안교회 청년들이 방문하여 교회 상황을 설명했다. 마지막 날은 오충일 목사의 예배 인도 후 기자회견을 갖고 성명서를 발표했다. *

　　김정웅 목사는 5공 비리 척결을 위한 전국목정평의 단식기도회에 이어 충북목정평의 단식기도회에도 참여하였다. 충북목정평의 단식기도회는 1988년 9월 19일(月) 청주제일교회(기장, 이쾌재)에서 '5공 비리

---

* 〈정의평화〉 제2호, 전국목회자정의평화실천협의회, 5~6.

및 양심수 석방을 위한 결의대회'로 시작되었다. 이날 대회는 오충일 목사가 강연을 하였는데 목회자, 청년, 평신도 등 약 200여 명이 참여하였다. 김정웅 목사를 비롯한 충북목정평 회원들은 그 결의대회를 마치고 5공 비리 척결, 양심수 석방, 기만적 통일정책 중단, 정치적 올림픽 반대, 좌우논리 분열책동 중단 등을 요구하면서 3일간의 단식 농성에 들어갔다. 9월 21일에 끝난 단식에는 약 48명의 회원이 참여하였다.

1988년 8월 2일 발표된 전국목회자정의평화실천협의회 성명서는 당시 목회자들이 구체적으로 무엇을 요구했는지를 보여준다. *

---

* 〈정의평화〉 제2호, 전국목회자정의평화실천협의회, 7~8.

지 못하는 지금에도 전두환, 이순자 씨는 거짓과 망언을 되풀이하고 있습니다. 이는 하나님의 공의와 민족공동체를 파괴하는 것입니다. 우리는 전두환, 이순자 씨가 스스로의 죄를 고백하고 민족의 심판대 앞에 서기를 바랍니다. 그렇지 않을 경우 현 정부는 과감히 전두환, 이순자 씨를 구속 수사하여 5공 비리의 전모를 밝혀야 할 것입니다. 죄는 덮어 둘수록 더 많은 문제를 만들 뿐입니다.

• 국회의 광주특위는 정상화되어야 합니다.

광주민중항쟁은 모든 것을 초월해서 우리가 시급히 해야 할 문제입니다. 올림픽과 그 어느 것보다도 광주민중항쟁은 중요합니다. 최근 국회 광주특위가 최규하 씨를 증인으로 채택한 것은 정당한 결정이라고 봅니다. 최규하 씨는 증언을 더 이상 연기하지 말고 증언대에 서야 합니다. 만일 이를 거절한다면 다시 광주시민을 배반하는 것이며, 이 민족의 역사에 커다란 죄악으로 남을 것입니다.

• 이 땅의 군부독재와 군사문화는 척결되어야 합니다.

일본의 제국주의 침략 이후 한반도는 군부독재에 의해 지배되어 왔습니다. 특히 박정희–전두환으로 이어지는 군의 쿠데타에 의한 집권은 이 땅에 군사문화를 만들어 획일적으로 병들게 하였고 온갖 부정비리의 온상이 되어 왔습니다. 제6공화국도 대거 군 출신의 정치인들이 주류를 이루고 있어 건강한 민족정기의 회복에 의심을 갖게 합니다. 최근의 오홍근 부장 테러사건, 김용갑 총무처, 이춘구 내무장관 등의 언행 등이 이를 잘 보여줍니다. 군부독재와 군사문화 척결은 민군과 모두의 책임임을 인식하며 현 정권의 결단을 촉구합니다.

• 올림픽은 정치적으로 이용될 수 없습니다.

올림픽 평화구역이 선언적 의미 이상의 법적 효력을 갖는 것은 평화구역이란 것이 계엄령과 다를 것이 없다는 것을 뜻합니다. 이는 민중의 생존권을 탄압하는 것이며 민주 민중 운동을 억압하는 것입니다. 헌법에 보장된 민중의 권리와 제한되는 평화구역에서 자행되는 공권력의 폭력은 누가 제한할 수 있겠습니까? 정부는 올림픽을 이용한 모든 정치적 야욕을 버려야 합니다. 올림픽이 민족의 자주, 민주, 통일보다 우선되어서는 안 됩니다. 온 국민은 깨어서 올림픽 이후의 정국을 주시해야 합니다. 국민의 단결된 힘만이 권력의 음모를 막을 수 있기 때문입니다.

• 정부의 공약은 성실히 수행되어야 합니다.

6·29선언이 발표된 지 1년이 넘었지만 본질적으로 변한 것은 없습니다. 우리는 6·29선언이 작년 6월 민주화의 열기를 왜곡시키고 진정시키려는 음모였다고 생각합니다. 만일 그렇지 않다면 현 정부는 성실히 자신의 공약을 지켜야 할 것입니다. 계속되는 민주 민중운동에 대한 탄압과 공권력의 불법적인 폭력은 점차 국민들에게 6·29선언의 허구성을 깨닫게 하고 있습니다. 또한 7·7선언에서도 남북통일을 위한 다각적인 문호개방을 약속한 정부가 북한만을 핑계로 내세운 채 이를 조금도 시행치 않고 있습니다. 이것은 통일을 앞세워 온 국민의 관심을 유인한 다음 자신들의 비리를 감추려는 술책으로밖에 생각할 수 없습니다. 우리는 기만과 허구에 가득 찬 공약들을 거부하며 국민의 힘으로 자주, 민주, 통일을 이루어야 한다고 믿습니디.

• 악법은 철폐되어야 하고 양심수는 전원 석방되어야 합니다.

국가보안법, 사회안전법, 집시법, 노동법 등의 집행은 권력을 유지하려고 대다수의 민중들을 짓밟는 죄악입니다. 악법은 마땅히 철폐되어야 합니다. 또한 이 악법에 의해 수감된 모든 양심수가 석방되어야 합니다.
우리는 이번의 단식기도회가 올림픽의 환상 속에서 온 국민을 일깨우는 처절한 싸움의 시작이라는 각오와 함께 이상과 같은 우리의 결의를 새롭게 하면서 하나님께서 이 민족에게 허락하신 참된 자주, 민주, 통일을 위한 싸움을 끝까지 다할 것입니다. 하나님의 섭리와 은총이 이 민족의 수난의 역사 속에서 희생 제물로 죽어간 무수한 동지열사들의 피의 공로가 또한 이 땅의 선한 세력들의 뜨거운 사랑이 우리와 함께 하시며 민족의 역사 위에 함께 하실 것입니다.

1988년 9월 2일

목회자단식기도회 참가자 명단

1. 박영모(수원·동수원) 2. 고환규(서울·관악) 3. 이명남(충남·당진) 4. 이해학(성남·주민) 5. 김해성(성남·신자) 6. 서용운(하산원) 7. 김영주(서울·형제) 8. 이영일(창현) 9. 박남수(서울·보광동) 10. 서명칠(서울·새민족) 11. 허춘종(안산·성빛) 12. 고현명(서울·새민족) 13. 김혜란(서울·현신) 14. 홍만조(대현) ZZ5. 김인주(서울·서교동) 16. 임흥기(서울·사선) 17. 이근복(서울·성문밖) 18. 이은재(서울·새암) 19. 임광빈(서울·인권위) 20. 강우정(디딤돌) 21. 허원배(충남·음봉) 22. 유원규(서울·한빛) 23. 배태진(서울·한빛) 24. 나핵집(서울·종암) 25. 이원돈(새롬) 26. 김인태(서울·초동) 27. 강원구(서울·초원) 28. 박종렬(인천·송림사랑방) 29. 현재호(경기·수화) 30. 홍광수(경기·원천) 31. 김병균(전남·고막원) 32. 강진호(경기·고양) 33. 오규만(햇빛) 34. 임성현(경기·백석) 35. 장성룡(서울·강동) 36. 김광훈(서울·사랑) 37. 김달성(인천·인항) 38. 이춘섭(서울·성수) 39. 박진석(한무리) 40. 김현수(경기·안산노동) 41. 임진철(이웃) 42. 이강준(광명) 43. 정태효(삼일) 44. 윤길수(서울·성음) 45. 정지강(대전·빈들) 46. 조신제(무학) 47. 유미란(서울·산돌공부방) 48. 조이제(경기·적성) 49. 이재수(한길) 50. 김근상(성공회교무국) 51. 노영우(청주·청주남) 52. 김정웅(청주·명암) 53. 김종오(경기·광주제일) 54. 양기동(원능) 55. 모갑경(제주연

동) 56. 최승렬(서울·제일) 57. 김용호(대전·신성) 58. 여태권(전북·율곡) 59. 차흥도(충북·석계) 60. 이계문(강원·나사렛성결) 61. 김송달(강원) 62. 김광수(충남·상홍)

2. 충북민족민주운동연합 상임대표 김정웅 목사

1987년 대통령 선거를 앞두고 분열했던 재야는 1988년 이후 다시 힘을 결집해 1989년 1월 민중민주세력의 통일전선조직인 전국민족민주운동연합(전민련)을 발족시켰다. 서울민족민주운동연합회 등 지역운동단체 12개와 전국노동운동단체협의회와 전국농민운동연합 등 부문운동 단체 8개 등 20개 단체가 주축이 되고 개별운동 단체 약 200개가 참여하였다. 조직의 목표는 민중 해방과 진정한 자유·평등 사회의 실현으로, 이를 위한 당면과제로서 반외세자주화·반독재민주화·조국통일을 설정하였다. 출범 이후 국가보안법 철폐, 토지공개념 도입, 민주자유당 해체 등의 반독재민주화운동과 팀스피리트 훈련 중지, 주한미군 철수 등의 반미자주화운동 그리고 8·15범민족대회 등의 전국 통일운동을 전개하였다.

전민련의 충북지역 운동단체인 충북민족민주운동연합의 창립대회는 1989년 3월 19일(日) 오후 2시 청주 명암교회에서 개최되었다.* 김정웅 목사는 여기서 상임대표로 추대되었다. 지역운동의 발전과 지역

---

* 《충북지역 민주화운동자료집》(2001, 11), 충북연대, 59.

대중의 진출에 발맞추어 노동, 농민 등 2개 부문과 청년, 문화 등 7개 단체의 연합으로 결성된 충북민족민주운동연합은 그 대회에서 충북지역 민족민주운동 대열을 하나로 정비하고 그 동안의 지역운동의 성과를 계승하고 한계를 극복하면서 지역 민족민주역량의 총집결체로 나아갈 것을 다짐했다.*

충북민족민주운동연합의 조직은 1989년 1월 초 충북기독청년협의회 사무실에서 지역운동단체 대표자들과 실무자들이 모여 간담회를 통해 충북민족민주운동연합 준비위를 결성하는 것으로 시작되었다.** 준비위원회는 노동 부문 2인, 청년 부문 1인, 문화 부문 1인, 종교 부문 1인, 충북민주운동협의회 1인으로 구성되었으며, 준비위원장에는 차윤재 목사가 추대되었다. 충북민족민주운동연합의 회원 단체 및 대의원 배정을 보면, 노동/청주도시산업선교회(정진동 목사) 20명, 농민/충북 농민운동연합준비위원회(위원장 박기식) 20명, 학생/청주지역민주청년연합(의장 김성구)와 카톨릭대학생청주교구연합회(회장 현우용) 그리고 충북기독청년협의회(회장 도선붕) 20명, 문화/충북문화운동연합(의장 이철수 강혜숙 도종환)과 목협/충북목회자정의평화실천협의회(의장 김정웅) 7명 등이었고, 참관단체로는 충북여성민우회 준비위원회(위원장 변지숙)와 충북교사협의회(회장 도종환), 충북지역대학생대표자협의회(의장 백상진) 등이 있었다.*** 김정웅 목사가 상임대표로 있으면서 충북민족민주운동연합은 통일축전, 평화군축대행진, 전교조합법성 쟁취공대위 구성, 3당 야합 반대 목회자 행진, 보안사찰규탄대회 개최

---

*《충북지역 민주화운동자료집》(2001, 11), 충북연대, 62.
**《충북지역 민주화운동자료집》(2001, 11), 충북연대, 71.
***《충북지역 민주화운동자료집》(2001, 11), 충북연대, 85.

등의 개별 사업을 진행하였다.

충북 민주화 운동의 중심에 서 있던 1989년 9월 16일 김정웅 목사는 명암교회 주일예배에서 다음과 같이 설교했다. 그는 이 설교를 통하여 기쁠 때나 고난당할 때나 하나님을 찬양하며 살자고 교인들에게 당부했다. 그리스도인은 현재의 상황이 어떠하든 기본적으로 하나님을 경배하고 예배하는 삶을 살아야 한다는 것이다.

우리들의 노래

 성경본문: 요한계시록 19:1~8

요한계시록을 성경 분류의 입장에서는 묵시문학이라고 부릅니다. 계시록에는 단순한 문학 작품뿐만 아니라 훌륭한 노래들이 많이 나오고 있습니다. 네 생물의 하나님 찬양이 나오고(4:8), 24장로의 찬양이 나오며(4:11), 네 생물과 24장로가 어린 양 예수 앞에 엎드려 부르는 새 노래(5:9~12)가 나옵니다. 또 큰 나무들이 흰 옷을 입고 손에는 종려 가지를 들고 부르는 노래(7:10~12)도 나옵니다. 성도들이 손에 거문고를 들고 어린 양의 노래(15:3~4)를 부릅니다. 유명한 할렐루야의 코러스(18:1~8)도 있습니다. 말씀드린 대로 요한계시록은 시편이나 찬송가는 아닙니다만 이와 같이 많은 노래가 나옵니다.

대개 세상 술좌석은 처음에는 화기애애하고 예절을 지키면서 시작되지만 잔이 돌고 술이 취할수록 언성이 높아지고 시비가 일고 그러다가 싸움이 벌어지는 경우가 허다합니다. 그러나 기독교는 베들레헴

말구유에서 시작된 천군 천사들의 축하 찬송과 목자들의 찬송으로 시작하여 요한계시록의 찬송으로 끝이 납니다. 서양 음악이라는 것도 기독교가 모체입니다. 기독교를 떠나서 서양 음악을 논할 수가 없습니다. 그래서 기독교는 음악의 종교이며 찬송의 종교입니다. 요즘은 불교도 찬불가를 만들어 부르고, 금요일에는 구역 법회까지 모이고 있습니다만 기독교는 찬송가를 가장 많이 부르는 종교입니다.

기독교인들은 3가지 경우에 노래를 부릅니다.

첫째로, 순경(順境) 중에 부르는 노래입니다. 마음이 편할 때, 일이 잘 될 때, 순풍에 돛을 달고 바다를 항해할 때 찬송을 부를 수 있습니다. 정상적 환경과 여건하에서 부르는 노래입니다. 물론 엄격한 의미에서 정상적이란 인격적으로나 정신적으로나 신앙적으로 있을 수 없습니다. 우리 모두가 정상 이상이거나 정상 이하에 속하기 때문입니다. 이런 경우에는 누구나 찬송을 부르기 쉽습니다. 기분이 좋으면 절로 콧노래가 나오듯이 찬송도 저절로 나오게 됩니다. 그런데 이러한 정상적 환경 속에서도 찬송을 부르지 못하는 사람들이 있습니다. 다시 말하면 잘 먹고 잘 살고 있으면서도 감사하거나 찬송을 못하는 이들이 있습니다. 신명기에는 "네가 먹어서 배불리고 아름다운 집을 짓고 거하게 되면 또 우양이 번성하며 네 은금이 증식되며 네 소유가 다 풍부하게 될 때 두렵건데 네 마음이 교만하여 네 하나님 주를 잊어버릴까 하노라."(8:12~14절) 했고, "두렵건데 네가 마음에 이르기를 내 능력과 내 손의 힘으로 내가 이 재물을 얻었다 할까 하노라."(17절) 했고, "하나님이 너에게 재물 얻을 능을 주셨다."(18절) 했습니다. 19절에는 "네가 만일 하나님을 잊어버리면 정녕 멸망할 것"이라고 했습니다. 결국 이스라엘은 하나님의 당부를 망각했습니다. 잘 살게 되었을 때 하나님의 도우심을 사실상 잊어버리고 교만에 빠지게 되었습니다. 이스라엘 나라는 망했습니다. 우리는 평안할 때 하나님께 감사하고 찬송하기를 힘써야 합니다.

둘째로, 역경(逆境) 중에 부르는 노래입니다. 편안할 때는 누구나 노래하기가 쉽습니다. 어려운 역경 속에서 노래하기란 그리 쉽지 않습니다. 사업이 안 될 때, 형편이 어려울 때, 질병의 고통이 있을 때, 가정에 시험이 있을 때 찬송을 부를 수 있겠습니까? 부를 수 있다면 그 사람은 믿음이 좋은 사람입니다. 사도행전 16장에 보면 바울과 실라가 빌립보 비장에서 전도하다가 유대인들에게 미움을 사고 귀신들린 소녀를 고쳐 주고 미움을 사 옥중에 들어가게 되었습니다. 그런데 밤중에 기도하고 찬미하매 죄수들이 듣더라고 했습니다. 밤이 되면 매 맞은 곳이 쑤시고 아픈 시간입니다. 피로에 지쳐 쓰러져야 할 때 그들은 기도했습니다. 찬송했습니다. 모든 간수, 죄수들이 듣도록 찬송, 기도했다는 것입니다. 옥문이 열렸습니다. 찬송과 기도는 어려움을 해결하는 열쇠입니다. 그래서 시편 150편 가운데 고난 가운데 노래하는 시편이 많이 있습니다.

하박국 3장은 하박국의 기도이고 찬송입니다. 여기에서 그는 무화과, 포도, 감람나무 농사가 망하고, 밭에는 소출이 없고, 외양간에 소들과 양이 다 없어지고, 다 망해 버려도 오직 하나님 한 분 때문에 감사의 노래, 찬양의 노래를 열창할 수 있다고 고백합니다. 시편 기자도 "주는 나의 산성이시며 나의 환난 날에 피난처이십니다!"(시 59:16)고 노래합니다.

이와 같이 성경에서 역경 중에 찬송한 사람들은 역경 자체를 보지 않고 찬송하고 있습니다. 쓴 약 자체를 맛보면 먹을 수 없습니다. 그러나 쓴 약 뒤에 오는 치료를 받기 때문에 쓴 약을 먹게 됩니다. 역경 자체 때문에 찬송하는 것이 아니라 하나님의 구원 때문에 찬송하는 것입니다.

셋째로, 영원한 나라에서 부르는 노래가 있습니다. 요한계시록의 노래하는 사람들을 보면 피조물의 대표인 네 생물체, 모든 성도의 대표인 스물 네 장로, 천군 천사, 그리고 구원받은 모든 성도로 구성되어 있습니다. 그 수가 상징적인 수이지만 144,000명이라고 했습니다 (7장). 이들은 모두 하나님을 찬양합니다.

본문이 가르쳐 주는 찬양의 방법이 무엇입니까? 첫째는 구원하시고 심판하시는 하나님을 찬양해야 합니다. 구원은 사랑에 근거하고 있고 심판은 공의의 근거입니다. 둘째는 하나님의 통치하심을 찬양해야 합니다. 셋째는 어린 양의 혼인(신랑과 신부 관계)을 찬양해야 합니다. 그것은 서로 기다린다는 점에서, 서로가 사랑한다는 점에서, 서로가 정절을 지킨다는 점에서, 일생을 함께 한다는 점에서 그렇습니다. 자기 자신을 다스리고 살면서, 찬송하고 살아야 할 이유는 우리는 주님을 꼭 만나야 할 사람들이기 때문입니다. 우리는 주님 앞에 서야 할 사람들입니다.

사랑하는 성도 여러분!

평안할 때도 찬송하고 사십시다. 고난과 역경 속에서도 낙심하지 말고 노래하고 사십시다. 하나님의 구원을 바라보고 용기와 믿음을 가집시다. 그러면 천국에 가서도 찬양할 것입니다.

IV부
1990~2000년대 목회 사역

1장
1990년대 명암교회 사역

1990년대 김정웅 목사의 목회사역은 먼저 교회 중직자들을 임직하는 것으로 시작되었다. 교회가 계속 성장하면서 새로운 일꾼의 선출은 필연적이었다. 1983년 모두 50명에 불과했던 명암교회 전체 제직의 수는 꼭 10년 만에 200여 명으로 늘어났다. 교회의 양적 팽창이 지속된 것이다. 그래서 1990년대 명암교회는 모두 세 차례에 걸쳐 직분자들을 선출했다. 먼저 1990년 12월에 있었던 공동의회에서 김선규, 노창희 집사가 장로로 피택되었다. 이 두 장로의 임직식은 1991년 7월 1일 교회 창립 12주년 기념 예배와 함께 치러졌다. 1994년 7월 3일 15주년 기념 예배 때는 지진우 유재림 황순용 장로가 장립하고, 김기석 마순영 김원걸 안수집사, 그리고 함은이 장옥희 이상순 권사가 임직했다. 그들은 1993년 12월과 1994년 3월의 공동의회에서 피택된 바 있었다. 1997년에도 대규모의 직분자 임직이 있었다. 즉 그해 7월 6일 명암교회 창립

명암교회에서 개척한 동일교회
창립 예배 모습(1995년)

18주년을 맞이하여 김원걸 김기석 김용식 장로, 정규현 박정규 감용식 박동복 채재호 조국중 김영진 신동일 안수집사, 박영분 김복순 조규녀 고의선 임정순 장옥순 강정에 정혜련 박승자 유옥임 우이순 정정숙 정해선 이명순 김경자 권사의 임직식이 거행되었다. 그 임직예배에는 당시 총회 부총회장이었던 민병억 목사가 설교했다. 명암교회의 제2 세대 일꾼인 이들의 임직은 이제 명암교회가 어린 시절을 지나 한층 성숙한 중견 교회로 나아가고 있음을 의미하는 것이었다. 아울러 김 목사의 목회 역시 좀 더 안정된 가운데 내적인 성장을 도모할 수 있게 되었다.

1990년대 명암교회는 모두 두 차례에 걸쳐 새로운 교회를 개척하였다. 김 목사는 명암교회 창립 6년 만인 지난 1985년에도 개척교회 설립을 시도할 만큼 이 일에 적극적이었다. 제2명암교회는 1992년 9월 1일 시작되었다. 명암교회는 대지 54평의 목공소와 조립식 주택을 구입해서, 조립식 주택 18평은 교회당으로, 목공소 20평은 사택으로 수리한 다음, 이상은 목사를 제2명암교회 교역자로 모셨다. 건축 및 땅값에 7,000만 원이 소요되었고, 이상은 목사에게는 2년 5개월 동안 매월 70만 원씩 생활비를 제공하는 조건이었다. 그 후 제2명암교회는 이름을 영운교회로 시작되었다. 명암교회는 제2교회인 영운교회를 위해 1998년에도 1,000만 원을 지원한 바 있다. 150만 원으로 천막을 치고 시작한 명암교회가 설립 13년 만에 새로운 교회를 개척하기에 이른 것이다.

제2명암교회를 개척한 지 3년 뒤 명암교회는 제3교회를 개척하였다. 제3명암교회인 동일교회는 1995년 1월 14일 시작되었다. 모두 1억 3천 1백만 원을 들여 상가 3층 60평을 매입해서 시설을 새롭게 했다. 그중 2천만 원은 5년 후 상환받기로 하고, 교역자인 서충성 목사에게 2년간 사례비로 월 80만 원씩 지원했다. 김 목사는 당시를 회상하면서 다음과

1993년 4월 일본 방문 시 2·8독립선언기념비 앞에서
(왼쪽에서 두 번째가 김정웅 목사, 그 오른쪽은 이명남 목사)

같이 말한다. "교회 개척은 딸 길러서 시집보내는 것과 같습니다. 주께
서 주신 사명이니까 그렇게 한 거죠. 수고 없이 되는 일이 있겠습니까?"

　1990년대 명암교회의 부교역자로는 김기 전도사와 부목사(1990), 황
인욱 교육전도사(1992. 3~1994. 2), 문영건 교육전도사(1992. 3~1995.
2), 민용기 교육전도사(1995. 3~1997. 12)와 전도사(1998. 1~2001. 3), 한
성국 전도사(1995. 5~1997. 3)와 부목사(1998. 1~1999. 9), 이수건 교육
전도사(1999. 10~2001. 2), 정준호 교육전도사(199. 10~2001) 등이 사역
하였다.

　김정웅 목사는 1991년 9월의 제76회 대한예수교장로회 총회(서울 소
망교회)와 1999년 9월의 제84회 총회(영락교회)에 총대로 참석하였고,
1991년 9월 문의교회당에서 회집되었던 충북노회에서 부노회장에 피

선되었다. 이듬해 김 목사는 충북노회장을 역임하였다. 또 명암교회는 1992년 제87회 충북노회와 1998년 제99회 충북노회를 유치하여 회원 교회로서의 소임을 다하였다. 그 외에 김 목사는 기독교방송 청주방송 국 운영이사(1992. 6~2009. 현재)와 이사장, 한국기독교협의회 충북협 의회 회장(1997. 6~2004. 5), 대한예수교장로회 대전신학교 이사(1998. 5~2000. 5), 장로회신학대학교 이사(1998. 4~2002. 2)와 이사회 서기로 폭넓게 봉사하였다.

김 목사는 목회비전을 위하여 1990년대에도 매년 표어를 만들었는 데, 여기에는 자신의 목회 방향이 담겨져 있다. 1990년대 명암교회 표 어들을 보면, 오직 예수 중심의 목회와 삶이 그의 목회 방향이었음을 알 수 있다. 예수를 닮은 삶을 교회가 가르치고 실천하는 것이 목회의 기 본 방향이었던 것이다.

1990년대 명암교회 표어

1990년 : 말씀대로 살자(히 4:12)

1991년 : 힘써 일하는 교회(요 9:4)

1992년 : 힘써 일하는 교회(요 9:4)

1993년 : 오직 예수와 함께(빌 1:20)

1994년 : 예수님을 기쁘시게 하는 교회

1995년 : 예수님을 닮아가는 교회(고전 11:1)

1996년 : 오직 예수(요 14:6)

1997년 : 오직 예수(요 14:6)

1998년 : 오직 예수(요 14:6)

1999년 : 오직 예수(요 14:6)

목회는 목회자 혼자만의 리더십으로 되는 것이 아니다. 교인들의 적극적인 지지와 참여 그리고 교회 지도자들의 헌신과 리더십이 함께 어우러져야 가능하다. 1993년 교회 직원 명단은 당시 김 목사의 명암교회 목회를 돕고 참여한 교회 직분자들이 누구였는지를 보여준다.

1993년 교회 직원 명단

은퇴장로: 박학순

장로: 이성수 연명흠 박동민 김선규 노창희

협동장로: 오각현

안수집사: 지진우 황순용 유재림

은퇴권사: 박설순 이종순

시무권사: 오지연 주창선 임순례 김승옥 김만례 최정미 이봉희

명예권사: 임옥례 박옥권

협동권사: 이봉정 최재학

서리집사:

(남) 김용식 지기종 정창영 김학명 김원걸 황광배 이창우 김동개 김호태 김기석 마순영 김태일 장진영 박해순 김창근 정규현 김응호 박흥선 서정식 박무식 박동복 박광수 조국증 유성중 장황수 신만균 연제현 박준수 안효양 이석군 성문국 강용식 김영태 채재호 조성래 우충수 정영진 박정식 이재우 신동일 오근수 남대현 박재옥 오영래 이덕우 심상태 김유종 하청일 유광열 한경승 최홍군

(여) 이상칠 장옥희 조규녀 이제숙 박정자30 김민정 장옥순 송병선 김인숙 임정순 김경자 박승자 이상순 윤심한 최경순 박영분 김덕남 정정숙 강정예 김지신 이상숙21 최명숙 김명옥6 김복순 김명옥31 정해련 김정자26 김정자27 이상숙32 이혜순 정목순 이상춘 한성례 김희순 남기숙 김옥진 차재숙 주재화 복은석 정금란 이홍근 권

미향 고의선 함은이 박순이 박영숙 연태자 이규옥 서미옥 임정월 이효순 오연희 민덕희 홍순자 권순남 황용숙 신순덕 윤용임 안재순 추재득 황안숙 박영희 한영순 김기옥 라명숙 권인숙 김영분 정호숙 오민숙 임옥빈 윤은숙 채희윤 김지은 김미자 이명순 허영희 원용미 김예식 이선희 오춘희 조병란 김화순 정효숙 서옥순 이춘재 김선화 김영옥 박순자 조경순 정해선 임혜옥 조명월 김선호 박명순 장명숙 최정득 박정숙 장현영 유옥임 박종숙 김기순 김선형 이연호 이경예 우이순 고완숙 배남숙 문기연 김애란 유숙자

권찰: 김계향 민순하 김석분 홍영기 신영복 김정자37 정미자 유성희 오계환 송경희 박철효 조광자 김은녀 최순복 김명희 이경희 심숙자 이창례 김백섬 박정순 남미해 김영단 이규임 김혜경 김미향 이주은 이정예 김용실

목회는 교인들의 참여뿐만 아니라, 그들의 가정이 행복해야 가능하다. 교인들의 가정이 행복하지 못할 때 그리고 그리스도 안에서 바로 서지 못할 때 교회와 목회는 위기를 맞게 된다. 이런 의미에서 김 목사는 교인들의 가정이 바로 서는 일, 자녀들이 그리스도 안에서 바로 양육되는 일에도 목회적 관심을 기울였다. 김 목사는 1997년 5월 25일 가정의 달을 맞이하여 "하나님이 세운 가정"이라는 제목의 설교를 했는데, 여기에는 그의 가정관이 잘 나타나 있다.

하나님이 세운 가정

 성경본문: 시편 127:1~5

하나님은 우리를 사랑하셔서 좋은 것을 약속하시고 좋은 은혜를 계속 부어 주십니다. 하나님께서 천지를 창조하시고 매일매일 보시기에 좋았다고 하셨습니다. 인간을 창조하시고 보시기에 심히 좋았다고 하셨습니다.(창 1:31) 그런데 하나님께서 창조를 끝내시고 그토록 보시기 좋았던 곳에 아담이 홀로 있는 것을 좋지 않게 보셨습니다. 그래서 하나님께서 아담을 깊이 잠들게 하시고 갈비뼈를 취하여 여자를 만들고, 그 여자를 이끌어 아담에게 데리고 와서 가정을 이루도록 했습니다. 이것이 최초의 가정이며, 하나님께서 사람에게 베푸신 은혜의 완성입니다. 하나님께서 친히 가정을 세우신 것입니다.

태초에 하나님은 학교를 세운 일도 없고 국가기관을 세운 일도 없습니다. 창조와 더불어 하나님은 가정 하나를 세우셨습니다. 그런데 이 가정을 세울 때 순서가 있었습니다. 창조의 순서를 보면 맨 처음 흙을 창조했습니다. 그 위에 식물을 만드셔서 식물이 살게 하고, 그리고 동물을 창조하셔서 동물이 식물을 먹도록 하셨습니다. 그 다음에 하나님께서 아담을 만드시고 동물을 지배하면서 살 수 있게 하셨습니다. 그리고 마지막으로 여자를 만드셨습니다. 그래서 여자는 값이 비쌉니다. 남자는 흙으로 만들었는데, 여자는 갈비뼈로 만들었습니다. 그러니까 재료가 달라서 여자는 값이 비쌉니다.

그런데 하나님께서 여자를 소중하게 만든 이유가 있습니다. 그것은 여자로 하여금 한 가정을 위한 집을 세우게 하기 위해서 그렇게 하셨습니다. 가정은 집이 되어야 합니다. 창조의 원리 가운데 여자는 집입니다. 여자가 있는 곳에 집이 있습니다. 집은 쉬는 곳입니다. 집은 보화가 있는 곳입니다. 집은 밥상이 있는 곳입니다. 그러므로 집은 가정입니다. 하나님께서는 가정을 주시기 위하여 여자를 집으로 세상에 보내셨습니다. 여자는 집입니다. 여자가 없으면 인류는 집을 잃어버리는 것입니다. 여자는 참으로 소중한 존재입니다. 여자가 작아 남자 품에 안기지만 마음으로는 남자가 여자 품에 안기는 것입니다.

여자는 살려주는 집입니다. 여자는 살림을 맡아 집을 세웁니다. 어렸을 때는 어머니가 살려주었습니다. 하나의 핏덩어리를 살려 놓은 어머니입니다. 또 성장해서는 가정에서 여자가 다 살려 놓습니다. 그래서 여자는 살림하는 집입니다. 여자는 생명을 보호하는 집입니다. 그러므로 여자는 가정입니다.

여자가 있는 곳에 쉼이 있습니다. 여자가 없으면 못 쉽니다. 집에 오자마자 남자들은 "네 엄마 어디 있냐?" 묻습니다. 아내가 없으면 쉼이 없습니다. 그러므로 여자는 쉬는 집입니다. 아이들은 엄마가 있어야 쉬고, 놀고, 잠이 듭니다. 엄마는 아이들이 사는 집이요, 쉬는 곳이요, 안식처입니다.

여자는 보화를 간직한 집입니다. 모든 보화는 여자가 있는 곳에 있습니다. 남자가 돈을 버는 것은 여자에게 갖다 주려고 버는 것입니다. 그래서 남자들은 혼자 살면 가난합니다. 여자가 없으면 저축도 안 되고, 아무리 모아도 남지 않습니다. 살림 잘못하는 여자는 남편 등골 빼고 가족을 불쌍하게 만듭니다. 살림을 잘해야 합니다. 여자가 소중하기에 하나님께서 나중에 창조하셨습니다. 여자가 있는 곳에 가정이 있습니다. 여자가 없으면 가정이 없는 것입니다. 그러므로 여자의 책임이 큽니다. 우리 사랑하는 성도들은 가정을 소중히 여기시기를 바랍니다.

어렸을 때는 어머니가 있는 곳이 가정이었고, 성장해서는 아내가 있는 곳이 가정입니다. 그래서 남자들은 여자들이 남자에 의존하고 산다고 말하지만 사실은 남자가 여자에 의존하고 사는 것입니다. 매튜 헨리는 이런 말을 했습니다. 여자를 머리뼈로 만들지 않은 것은 교만하지 말라는 것이요, 여자를 다리뼈로 만들지 않은 것은 짓밟히지 말라는 것이요, 여자를 옆구리에서 뺀 것은 남자의 보호를 받으라는 것이라고. 그리고 심장 가까이에서 뺀 것은 심장의 사랑을 받으라는 것입니다. 그래서 여자는 남자의 심장 가까이 있을 때 안전합니다.

또 직장에서 피곤한 남자들이 자기 아내를 찾아 안식을 얻으려고 오는 것입니다. 그런데 남편에게 바가지를 긁으면 큰 일 납니다. 피곤한 몸으로 돌아오는 남편에게 안식을 주지 못하면 결국 죽이는 것이 됩니다. "주님께서 집을 세우지 아니하시면 세우는 자의 수고가 헛되며 주님께서 성을 지키지 아니하시면 파수꾼의 경성함이 허사로다." (시 127:1) 가정은 하나님께서 세우시고 우리에게 이토록 집을 삼고 살도록 만들어 주셨습니다.

행복한 가정은 사랑의 떡을 먹어야 합니다. 성경은 "너희가 일찍이 일어나고 늦게 누우며 수고의 떡을 먹음이 헛되도다."고 말합니다.(2절) 현재의 많은 사람들이 헛된 일에 미쳐 있습니다. 가정에서 인간이 행복하게 사는 것을 제쳐 놓고, 헛된 일에 수고하고 있습니다. 그것은 전부 다 돈에 미쳐 있다는 것입니다. 물질에 미쳐 있습니다. 더 많이 벌었다고 해서 가정에 유익한 것이 아닙니다. 가정을 파괴하면서까지 돈 버는 것입니다. 돈 버느라 가정이 파괴되는 것도 모르고 있습니다. 돈 몇 푼 번다고, 분주하게 살면서 행복을 잃지 않으셨습니까? 가정에 평화도, 화목도 잃어 가고 있지 않습니까? 우리가 이 세상을 살면서 "수고의 떡을 먹음이 헛되도다." 무슨 뜻입니까? 가정은 사랑의 떡을 먹는 곳입니다. 그런데 필요 없이 수고의 떡을 먹으려고 한다는 것입니다. 소련이나 이북이 왜 망했습니까? 수고의 떡을 먹으려 하다가 망했습니다. 협동농장을 공동으로 운영하기 위하여 아이들을 탁아소에 맡기고 열심히 일했습니다. 가정을 버리고 수고해서 떡을 먹으려 했습니다. 그들은 가정을 소홀히 하고 열심히 일했습니다. 그런데 그것이 헛된 일이었습니다.

가정은 사랑의 떡을 먹어야 하는데 수고의 떡을 먹으므로 가정을 잃어버리고, 인생은 비참하게 되고, 나라는 망했습니다. 오늘날 미국에 큰 문제가 있습니다. 미국의 가정이 망해 갑니다. 저들이 수고의 떡을 먹기에 너무 피곤합니다. 남녀가 수고의 떡만 먹으려고 분주하여 가정에 앉아 사람들이 떡을 먹을 시간이 없습니다. 미국은 50%가 이혼한다고 합니다. 그래서 미국에서 아이들이 학적부에 쓸 때 생부인지 양부인지를 쓰게 되어 있습니다. 즉 낳은 아버지냐 양아버지냐를 쓰는 난이 있다는 것입니다. 미국의 현재 가장 큰 문제는 가정 파괴입니다. 수고의 떡을 먹으려고 황금에 눈이 어두워지고 있다는 것입니다.

여러분의 가정을 병들게 하고 파괴하는 것이 무엇입니까? 물질이나 돈 번다고 가정의 행복이나 정신이나 형제간에 우애나 부자간에 정이 끊어지고 있지나 않으신지요? 현대인들의 불행한 원인은 어디에 있습니까? 그것은 아내를 돈으로 환산하고, 제 자식도 돈으로 계산하고, 남편도 돈으로 생각하며, 인격도 돈으로 평가하는 데서 온 것입니다. 하나님 앞에서 우리 가정이 회복되어야 합니다. 가정을 회복한다는 말은 인격적인 관계로 만나야 한다는 것입니다. 자기 아내를 집으로 만나야 합니다. 자기 아내를 다스리는 사람으로 만나지 말고 자기 아내를 가정으로 만나면 힘이 있고, 거기에 생명이 있고, 거기에 사랑이 있고, 거기에 밥상이 있으며, 진정한 행복이 있게 됩니다. 자기 아내를 창조의 원리에 따라 집으로 보아야 합니다. 남자가 호랑이같고 무서운 분도 나이가 들면 부인이 "잡수세요." 하면 잡수시고, "일어나요." 하면 일어나고, "저리가요." 하면 저리 갑니다. 남자는 나이가 들수록 여자에 의존하고 살게 됩니다. 그래서 여자를 오래 살게 합니다. 남자는 쉬이 가고 여자는 오래 삽니다. 의존할 대상이 미리 가면 안 되니까 여자를 오래 살게 합니다. "내가 저분을 의존하고 산다."고 생각하면 그 대상이 얼마나 소중합니까?

행복한 가정은 약속된 기업이 있어야 합니다. "자식은 주님이 주신 기업이요. 태의 열매는 그의 상급이라."(3절) 이스라엘의 기업은 땅이었습니다. 모든 것은 다 사라져도 땅은 영원합니다. 그래서 이스라엘 백성은 전쟁이 나면 보화를 땅에 묻고 피난을 갑니다. 항아리도, 금도, 보석도, 땅에다 묻어 놓고 피난을 가는 것입니다. 땅은 남아있기 때문입니다. 우리의 모든 재산과 보화가 어디로 갑니까? 자식에게 갑니다. 죽을 때 짊어지고 갑니까? 이고 갑니까? 놓아두면 자식들이 가져가는 것입니다. 그래서 자식은 기업입니다. 그러면 자식의 가슴에 무엇을 심어야 합니까? 심는 대로 거둔다고 했는데 무얼 심고 있습니까? 땅은 기업이요, 기업은 자식인데 무얼 심어야 내게 상급으로 오겠습니까?

가정은 자녀를 하나님께 보내는 궁수가 되어야 합니다. "젊은 자의 자식은 장사의 수중의 화살과 같으니."(4절) 장사의 자식은 화살입니다. 화살은 쏘는 대로 갑니다. 유명한 칼릴 지브란이란 시인은 이런 말을 했습니다. "우리의 부모는 활이요, 자녀는 화살이니, 하나님이 궁수가 되어 목표 지점을 향해서 너희가 멀리 당길 때 그 화살은 과녁을 향해서 나아간다." 우리가 날마다 어디로 화살을 쏘고 있습니까? 세상입니까? 아니면 하나님께로 쏘고 있습니까?

유대인들은 자나깨나 자기 자식을 하나님께로 쏘았습니다. 즉 하나님의 말씀 따라 하나님을 향하게 하였습니다. 안식일을 지킴으로 하나님을 향하게 했습니다. 성전에 모이게 해서 하나님을 향하게 하였습니다. 그런데 우리들은 세상을 향해서 아이들을 쏘고 있습니다. 학교에서 1등 해라. 교회보다 학원 가야 한다. 이래서 되겠습니까? "너 하나님 앞에서 진실한 사람이 되어야 한다." "너 하나님 앞에서 훌륭한 종이 되어야 한다." "너 하나님 앞에 설 때 부끄러움이 없어야 한다." 이렇게 해야 하지 않습니까? 자식을 향한 우리의 소원이 뭡니까? 행복하게 사는 것입니까? 하나님을 향해서 목표를 세우고, 화살이 나가게 해야 합니다.

우리 자녀들이 하나님께로 향하고 있는가를 생각해 봅시다. 진실로 바르게 고백해야 합니다. 하나님을 나의 구주로 믿습니까? 그렇다고 한다면 우리가 받은 은혜대로 우리 자녀들도 그 길로 가게 해야 합니다. 그것이 최선의 길입니다. 하나님의 창조 원리대로 살면 행복합니다. 창조 법칙에 어긋나게 살면 눈물의 씨앗이 됩니다. 부모와 본인의 가슴에 멍들게 합니다. 상처받게 되고, 비참하게 되고, 오히려 찌르는 가시가 됩니다. 하나님을 잘 섬기고 창조의 원칙대로 사는

것이 하나님께 예배하며 사는 것입니다. 하나님이 세운 가정은 하나
님 의지하게 합니다. 가장 행복한 사람은 하나님이 인정하시는 사람
입니다.

2장
2000년대 명암교회 사역

2000년대 김정웅 목사의 목회 활동 가운데 눈여겨볼 것 중 하나는 '매일 기도의 강단' 운영이다. 1999년부터 시작된 '매일 기도의 강단'은 자원하는 성도들이 하루 1시간씩 시간을 정해 기도하는 운동으로, 2009년 현재까지도 계속되고 있다. 기도 제목은 일주일, 한 달, 일년 단위로 주어지고, 하루 중 오전 9시와 11시, 오후 3시와 9시를 기도 시간으로 정했다. 1999년 26명으로 시작한 '매일 기도의 강단'은 2002년 33명을 거쳐 지금은 46명으로 참여자가 늘어났다. 또 무릎 꿇고 기도하는 성도들의 은혜 체험으로 교회는 평안해지고 영적 분위기가 쇄신되는 결과를 가져왔다. 그리고 오랫동안 지속되고 있는 매주 수요일 오전의 전도 모임과 금요기도회 역시 교우들의 실천적인 신앙생활에 큰 도움을 주고 있다. 명암교회는 2009년부터 새롭게 '삼삼한 운동'을 전개하고 있다. '삼삼한 운동'은 "하루에 세 번 기도", "한 달에 세 번

관계 형성", "한 달에 한 번 이상 사랑을 전달하자"는 취지로 시작한 전 교회적 캠페인이다.

2000년대 들어 명암교회에서는 모두 세 차례의 직분자 임직식이 있었다. 먼저 2000년 7월 21일 명암 창립 21주년을 맞아 장로·집사·권사 임직 및 권사 은퇴 그리고 20년 근속을 기념하는 예배가 거행되었다. 이때 박정규 김승옥 정규현 장로가 장립되었고, 김호태 이재우 박형순 박홍선 염관섭 강경섭 박종철 연기업 권오창 김경하 이덕우 장진영 오세원 집사가 안수를 받았다. 또한, 임정월 김백섬 민덕희 박영희 남기숙 최영희 황명애 김정자 김예식 주재화 윤용임 나명숙 김기옥 김선화 김희순 양향우 김덕남 장명숙 서미옥 권사가 직분을 받았다.

창립 21주년을 맞아 지난 20년 동안 교회를 섬긴 분들(김선규 이성수 박동민 김정웅 장옥희 조규녀 최정미 김승옥 박승자 오연희 김민정 장숙여)에 대한 기념 행사도 함께 진행되었다. 그해 말에 임명된 2001년도 교회 제직 명단에는 시무장로 11명, 은퇴장로 1명, 안수집사 23명, 시무권사 42명, 은퇴권사 6명, 명예권사 2명, 협동권사 1명, 남자 서리집사 45명, 여자 서리집사 134명, 권찰 13명 등 300여 명의 직분자들이 있음을 볼 수 있다. 이는 1993년과 비교해 볼 때 약 8년 만에 명암교회 제직의 수가 100여 명 더 늘어난 것이다. 아래는 2001년도 명암교회 제직 명단이다.

2001년도 교회제직 명단

은퇴장로: 박학순 (1명)

장로: 이성수 박동민 김선규 지진우 유재림 김원걸 김기석 박정규 김승

옥 김영진 정규현 (11명)

안수집사: 마순영 강용식 채재호 조국증 신동일 김호태 이재우 박형순
박흥선 오근수 염관섭 강경섭 한경록 박종철 연기업 권오창
권익생 김경하 이덕우 정승호 양재현 장진영 오세원 (23명)

은퇴권사: 박설순 이종순 주창선 임순례 장옥순 이상순 (6명)

명예권사: 임옥례 오장순 (2명)

협동권사: 류한나 (1명)

시무권사: 오지연 최정미 이봉희 함은이 장옥희 박영분 김복순 조규녀
고의선 임정순 강정예 정해련 박승자 유옥임 우이순 정정숙
정해선 이명순 김경자 임정월 김백섬 민덕희 박영희 남기숙
최영희 황명애 김정자 김예식 주재화 윤용임 나명숙 임목빈
김기옥 김선화 김희순 양항우 김덕남 장명숙 서미옥 김명옥
A 김명옥B

서리집사:

(남) 김동개 김명성 김영석 김원기 김재환 김진두 김진순 김진태 김창기
김태일 김학성 김홍규 김홍용 김해용 류송희 박성태 박용삼 박재옥
박정식 박준수 송하용 신민식 심상태 양관모 엄재호 윤석한 은용운
이규영 이만천 이성철 이찬희 장병우 정순은 황광배 송재혁 이재구
박영섭 방현준 채승원 장완동 이종렬 김진성 이상우 강중선 김호준
(45명)

(여) 강슌낡 강춘하 강희은 고경숙 권순남 권인숙 긴견숙 김기순 김명희
김문숙 김미옥 김미정 김민자 김민정 김선옥 김선호 김순악 김순자
김순희 김애란 김영단 김영태 김영희 김용실 김은영 김은희 김인숙
김인희 김정숙 김정자 김지은 김혜연 나미숙 남기순 노정숙 문기연
민순하 박명순 박명옥 박문자 박종남 박철효 복은석 송미숙 송복순
송영주 송혜영 신영순 신희숙 서건원 서숙희 안승미 안재순 안재옥
어명수 연태자 오계환 오민숙 오명자 오연희 원제임 유명주 유미라
유정애 윤숙희 윤여선 윤용례 윤정순 이경자 이경희 이규옥 박정순

4 박정순11 이상숙29 이상숙43 이미옥 이상우 이상춘 이선희 이숙경 이순녀 이순희 이옥자 이은아 이자영 이정희 이진숙 이효순 임애숙 전금옥 전종임 정금란 정복순 정연화 정영자 정호숙 조경순 조미숙 조은봉 차재숙 채종희 채차순 채희윤 최광선 최용자 최정득 최정숙 추재득 탁인숙 한성례 한영순 한현남 현경옥 홍순자 황안숙 황용숙 이월단 홍순임 신후분 이옥수 장은만 음찬영 박은옥 연송자 김은희 강소영 성 숙 김은경 권순분 임명희 송경옥 박상화 홍기숙 (134명)

권찰: 김경미 오원자 서성임 조양숙 최화영 안단예 김미정 양길숙 염우정 김은순 황지은 이정아 복은순 (13명)

창립 24주년 기념 주일이었던 2003년 7월 6일에도 임직 및 은퇴식이 있었다. 그날 예배에는 채재호 장로의 임직과 김선규 장로, 정혜선 권사의 은퇴 그리고 안수집사에 추세응 장병우 김진태 김호준 박정식 이규영, 권사에 강춘하 이상숙 황용숙 김영태 김지신 박영순 김상순 김인숙 어명수 송영주, 명예권사로는 박순이 김옥진 안재순 권순분 오계환 이상춘 한영순 이상우 등이 임직·추대되었다.

2000년대의 세 번째 은퇴 및 임직예배는 2006년 7월과 10월의 공동 의회 투표를 거쳐 2007년 7월 8일 창립 28주년 기념으로 성대하게 치러졌다. 그 내용을 보면 은퇴장로 이성수, 은퇴집사 강용식, 은퇴권사 오지연 장옥희 김예식 임정순 등이었고, 장로장립은 연기업 마순영, 안수집사에 김태일 이찬희 이종열 신완수 손봉현 김해용 송재혁 김동한 유광열 황광배 장완동 김진용 김명성 안영근 박재옥 김진순, 권사에 장숙여 채희윤 이규옥 연태자 전종임 현경옥 윤여선 권순남 차재숙 김문숙 박정순 김기순 미상숙 문지연 복은석 이순녀 정복순 남기순 채차순 김미정 유명주 김민정 장혜순 최정숙 박정순 정금란 김정숙 등이 임직되었다. 또한, 명예집사에 박무식 서정식 지기종 김동개 윤진훈 박선근 박영섭, 명예권사로는 이영순 차용호 윤정순 정영자 김순자 연송자 김선호 김경숙 오명자 이기화 이순희 서건원 김관식 오인순 이주희 전영희 박순용 오병님 최영님 최춘식 등이 추대되었다.

명암교회 당회는 2001년 7월에는 대성동 36번지 40.5평과 대성동 50번지 40.5평, 도로부지 29평을 8천만 원에 매입하였다. 2004년 7월에는 지난 1997년 2월 2억8천만 원에 사들였던 대성동 7-1, 37-1, 38-1번지의 집 3동을 헐어서 주차장으로 조성했다. 여기에 소요된 공사비는 모두 2천만 원이었다. 2005년 4월에는 4천만 원을 들여 교회 내부를 새롭게 단장했다. 그리고 2006년 9월에는 총 공사비 7억4천만 원이 소요된 292평의 유치원 및 아동복지센터가 준공되었다. 아울러 10월에는 교육관을 리모델링하였다.

이제 명암교회가 2000년대 들어 활발하게 실시한 복지사업을 살펴보자.

김정웅 목사의 목회 철학은 크게 두 가지로 요약된다. 하나는 복음주의적인 교회 운영이다. 김 목사의 현장 목회는 몸에 밴 기도생활을 통해 단련된 영성을 기반으로 성도들의 경건생활을 적극 강조한다. 기도와 성경공부, 전도와 주일학교 교육 등 한국 교회 주류의 신앙적 가치를 존중하고 계승하는 데 주력한다. 명암교회는 그래서 복음적인 교회이다.

다른 한편으로, 김 목사는 경건과 영성을 강조하는 교회들에게서 흔히 나타나는, 사회 현실에 대한 외면과 피안적인 태도를 경계하고 그것을 극복하려는 목회 철학을 갖고 있다. 교회가 소외된 자, 어려운 사람들을 소홀히 여겨서는 안 된다는 것, 즉 선한 사마리아인의 비유에 나오는 이웃 사랑의 정신을 간과하지 말자는 것이다. 1980~1990년대 김 목사의 민주화운동은 바로 이러한, 경건과 참여의 균형을 잃지 않으려는 자세에서 비롯된 것이었다. 그런데 우리 사회의 민주화가 어느 정도 이루어진 1990년대 후반부터 김정웅 목사의 사회활동은 방법적인 측면에서 변화하게 된다. 즉 인권과 민주화라고 하는 제도적인 차원에서 한 걸음 더 나아가 소외된 이웃들을 실질적으로 도울 수 있는 길을 모색하게 된 것이다. 명암교회의 사회사업과 복지사업은 이런 과정을 통해 구체화되었다.

명암유치원과 아울러 현재 명암교회의 대표적 교육 사회사업인 '행복한 아동복지센터'는 1998년 '행복한 우리 공부방'이라는 이름으로 시작되었다. 처음에는 명암유치원을 졸업하고 초등학교에 진학한 아이들을 모아서 방과 후 학습을 시키고 돌보아 주었다. 그런데 차츰 소문이 나면서 아이들이 몰려왔다. 그중에는 공부방 생활에 잘 적응하여 성적이 많이 오른 학생도 있었다. 그래서 2005년 12월 시청 허가를 받아 '행복한 아동복지센터'로 등록하고, 2006년 교회 옆에 건물을 리모델링하여 지역인을 위한 다사랑 쉼터를 운영하며 공부방에는 4명의 교사를 배치했다. 지금은 100명의 학생들이 쉬면서 공부하고 친구들을 만나는 중요한 장소가 되었다.

'명암장애인작업장'은 2003년 7월 1일 지역의 장애우 5명(시각 6급 1명, 청각 6급 1명, 지체 4~5급 3명)을 주축으로 출발하였다. 작업장은 교회 터를 넓히기 위해서 매입해 두었던 집 한 채를 이용하기로 하는 한편 세무서에 신고하고 장애우들을 4대 보험에 가입시켰다. 그들이 하는 일은 중소기업에서 생산한 물건들에 상표를 부착하고 2개에서 100개까지 다양한 단위로 포장하는 것이었다. 개당 30원에서 100원의 수고비를 얻기 위해서 하는 단순한 일이었지만 매월 52만 원(최저임금액)의 기본급을 제공하였다. 물론 월차와 잔업수당, 기여금이 별도로 책정되었다. 그런데 장애우들은 일을 빨리할 수 없어서 큰 수입이 되지 않았다. 그래서 장애우들에게 봉급을 지불하기 위해서는 교회의 경제적 지원이 필수적이었다. 또 이 일을 주관하는 일반 도우미가 있어야 했다. 교회는 도우미의 생활비를 제공했다. 그들의 출퇴근 역시 교회차로 봉사했다. 식사는 반찬 한 가지씩을 개인이 갖고 오도록 하고 밥과 국은 교회에서 준비했다. 장애우들은 함께 먹고 일하면서 긍지를 느꼈고, 일정한 출퇴근과 봉급이 자신의 통장으로 들어온다는 사실에 기뻐했다. 그 1년 6개월 뒤인 2005년 1월 명암교회는 중소기업 '생활낙원'에 장애인 작업장을 그 노하우와 함께 인계했다.

2000년대 명암교회의 주력 복지사업으로 10년째 진행되고 있는 독거노인 돕기는 지난 2000년 1월 혼자 사는 노인 30여 명에게 밑반찬을 만들어 매주 한 번씩 배달하는 것으로 시작하였다. 이른바 생활수준의 향상과 보건, 의료기술의 발달로 평균수명이 연장되면서 한국 사회는 1990년대 후반부터 고령화 사회의 도래를 예고하는 여러 가지 징후들이 나타났다. 이러한 급격한 인구의 고령화 추세와 노인 인구의 증가는 노인과 관련된 사회 문제를 야기시켰다. 특히 일부 저소득 노인계층의 결식(缺食) 문제가 심각하게 다가왔다. 김 목사는 바로 이 점에 주목하였다. 거동이 불편하여 제대로 된 식사를 하지 못하는 저소득 재가 결식 노인들에게 교회가 나서서 밑반찬 우유 배달사업을 실시하기로 한 것이다. 명암교회는 이미 1992년부터 매년 지역 노인들을 초청해 대규모의 경로잔치를 벌인 전통을 갖고 있다. 2008년에는 지역의 65세 이상

노인 850명이 경로잔치에 참여한 바 있다. 노인 문제에 대하여 명암 교우들은 이미 어느 정도 열린 자세를 지니고 있었음을 알 수 있다.

명암교회는 우선 자원봉사자들을 활용하여 혼자 사는 노인들에게 기본적인 밑반찬을 제공하고 차차 그 범위를 확대하여 의료봉사 서비스, 말벗 되어 드리기, 목욕·세탁·청소 등을 병행하기로 하였다. 노년에 소홀하기 쉬운 건강 서비스 지원과 재가 도우미까지 염두에 둔 것이다. 그리하여 2001년 4월부터는 용담동과 탑대성동 사무소의 추천을 받아 30명의 독거노인들에게 밑반찬과 아울러 우유도 제공하였다. 우유는 상하지 않도록 1주일에 두 차례 배달하였다. 2002년부터는 40명으로 혜택 인원을 늘이고, 지역 범위도 용담동, 대성동에서 금천동까지 확장하였다. 또 그해부터 매년 11월 초에는 김장을 해서 1인당 15kg 정도의 김치를 나누어 주었다. 배추·무우·양념 등의 김장 재료비는 교회가 지원하고, 김치 담그는 일은 여전도회 회원들이 수고하였다. 김 목사는 맛없는 것을 드리면 욕먹는다고 맛있게 김치를 담가야 한다고 누누이 강조하였다. 여전도회 회원들은 남의 부모님을 섬기다가 자기 부모님을 더 잘 섬기는 계기가 되었다고 한다.

이렇게 30가정으로 출발한 독거노인 봉사는 2009년 85가정으로 늘었다. 지금은 독거노인들을 대상으로 반찬 배달 시에 간호사를 동행시켜 상담과 건강 상태를 점검하고 있으며 한 달에 2회 이상 찾아가는 재가 도우미를 통해 세탁과 청소 서비스까지 하고 있다. 10년이 넘게 승합차 두 대가 한 번에 1시간 30분씩, 1개조에 운전기사 1명과 배달원 2명이 다니며 봉사하고 있다. 이 사업에는 충청북도 공동모금회가 지난 2002년 4,112,000원, 2003년 3,960,000원을 지원하는 등 유관 기관에서도 도움을 아끼지 않고 있다. 독거노인 반찬 배달 봉사를 통해 명암교인들은 예수님의 마음으로 지역주민들을 섬길 수 있는 장이 마련되었고 또 교회에 대한 긍지와 소속감을 높일 수 있었다고 한다. 외적으로는 지역주민들이 교회를 보는 눈이 달라졌다고 한다. 교회의 문턱이 낮아지면서 복음 전파에도 긍정적인 기여를 한 것이다.

다년간의 독거노인 돕기 사업은 김정웅 목사와 명암교회로 하여금 다시 노인복지사업에 대한 새로운 안목을 제공하였다. 기존 사업의 성과가 가시적으로 나타나자 이제 그 규모를 더 키워서 종합 노인 지원 시스템을 구축하기로 한 것이다. 교회는 먼저 2007년 11월 2억3천만 원을 들여서 용담동 126-2(田 362㎡), 126-4(田 114㎡), 127-1(垈 202㎡)번지 등을 재가 노인 복지센터 부지로 사들였다. 노인들을 위한 종합 요양기관을 만들기 위함이었다. 2008년 2월에는 보건복지부로부터 '명암노인재가복지센터'의 허가가 났다. 그러자 총 11억4천5백만 원(국비 50%, 도비 25%, 시비 25%)에 달하는 센터 건축 공사비 지원이 결정되었다. 그리고 드디어 2009년 3월 29일 상당구 용담동 126-2번지에서 '명암노인재가복지센터'의 기공식이 남상우 청주시장, 시의원, 국회의원, 지역유지 및 성도 등 150여 명이 참석한 가운데 진행되었다.

'명암노인재가복지센터'는 지하 1층 지상 3층 규모(1,058㎡)로 그 안에 거실, 침실, 주야간 보호실, 물리치료실, 식당, 일상 동작 훈련실 등을 갖출 계획이다. 이 기관은 노인 장기요양 등급자(1~3급) 140여 명에게 각종 서비스를 제공하여 건강하고 안정된 노후생활을 영위할 수 있도록 계획하고 있는데, 2009년 10월 완공 후 2010년부터 간호사, 복지사, 물리치료사 등 20여 명이 본격적으로 활동할 예정이다. '명암노인재가복지센터'는 명암교회 지역사회 복지사업의 새로운 장이 될 것으로 기대된다.

　교회가 이웃과 더불어 살아가는 현장인 '다사랑쉼터'는 지난 2006
년 2월 문을 열었다. 그곳은 누구든지 다 와서 무료로 편안하게 차를 마
시며 쉴 수 있는 공간이다. 명암교회는 교회 바로 옆에 있는 집 한 채를
사서 1,000만 원의 수리비를 들여 아늑한 찻집으로 꾸몄다. 25평 '다사
랑쉼터'는 5개 그룹이 동시에 모여 만남과 회의를 할 수 있도록 집기를
준비했다. 차(茶) 재료와 냉난방 연료비, 인건비는 모두 교회에서 부담
하고 있다. '다사랑쉼터'는 2009년 현재 계속 운영되고 있다.

　명암교회는 지난 2005년 1월 정민 목사의 캐나다 유학을 지원하였
다. 지원 액수는 2,500만 원이었다. 뿐만 아니라, 교회는 신원 보증과
은행 현금보증을 통해 정민 목사 일가족 5명이 함께 가족 유학비자로
출국할 수 있도록 배려하였다. 정민 목사는 지금 유학을 마치고 돌아와
국내에서 목회하고 있다. 김정웅 목사의 제안에 명암교회 당회와 제직
회는 인재를 키우는 믿음으로 흔쾌히 동의해 주었다.

　2000년대 명암교회의 부교역자로는 이수건 전도사(2001. 3~2003. 3)
와 부목사(2003. 4~2005. 3), 박순택 전도사(2002. 1~2003. 3)와 부목사
(2003. 4~2003. 12), 이도원 부목사(2005. 3~2006. 2), 최철호 전도사
(2005. 3~2005. 10)와 부목사(2005. 10~2006. 2), 조철형 부목사(2006.
3~12), 공헌배 부목사(2006. 3~2007. 10), 남궁만수 전도사(2007. 1~현
재)와 정호영 교육전도사(2007. 1~현재), 김윤호 전도사(2008. 1~현재)
등이 있다.

　김정웅 목사는 바쁜 목회 일정에도 불구하고 다양한 위치에서 교계
를 위해 맡은 바 소임을 다했으며, 아직 임기가 남아 있는 일들도 있다.
2000년대 김 목사의 교계활동으로는, 대한예수교장로회총회 신학교육
부 실행위원회 서기(2002. 9~2003. 9), 대한예수교장로회 총회인권위원

회 위원장(2002. 9~2003. 8), 한일장신대학교 이사(2003. 5~2007. 3), 기독교방송 청주방송국 시청자위원회 위원장(2003. 7~2005. 7), 호남신학대학 이사(2008. 6~2009. 현재), 2008년 9월의 제93회 대한예수교장로회 총회(제주성안교회) 총대 등이 있다.

2000년대 명암교회 표어는 지난 10년간 그의 목회 방향을 드러내는데, 그리스도를 본받아 사는 삶과 전도가 강조되었다.

2000년대 명암교회 표어

2000년 : 새하늘과 새땅을 바라보자(벧후 3:13)

2001년 : 예수님의 마음으로(빌 2:5)

2002년 : 하루를 천년같이 천년을 하루같이(벧후 3:8)

2003년 : 주님과 함께(요 14:23)

2004년 : 주는 것이 받는 것보다 복이 있다(행 20:35)

2005년 : 이 성중에 내 백성이 많음이라(행 18:10)

2006년 : 나는 예배하며 살리라(수 24:15)

2007년 : 오직 기도, 오직 전도(막 9:29)

2008년 : 오직 기도, 오직 전도(막 9:29)

2009년 : 담대하라(요 16:33)

내 법을 네 눈동자처럼

2000년 5월 28일
성경본문: 잠 7:1~3

구약 성경에는 율법, 율례, 계명, 법도, 계율, 법이라는 말이 자주 사용됩니다. 이 낱말들은 하나님의 말씀과 그 명령을 설명하는 각기 다른 표현들입니다. 하나님의 말씀은 살아 있는 말씀이며 살아 있는 명령입니다. 그렇기 때문에 그 말씀은 단순히 기억하는 것만으로는 의미가 없습니다. 하나님의 말씀과 연관되어 사용된 동사들을 보면 명령형으로 되어 있습니다. 지키라, 간직하라, 살라, 마음에 새기라는 명령형 동사들입니다.

첫째로, 하나님은 그의 말씀을 '지키라' 고 명령하십니다.

1절에서 "내 아들아 내 말을 지키며," 2절에서 "내 명령을 지켜서" 라고 했으며, "내 법을 네 눈동자처럼 지키라" 고 했습니다. 여기서 지키라는 것은 이미 소유하고 있는 것을 빼앗기지 않도록 지키는 것입니다.

아무리 귀중한 보화라도 잃어버리거나 빼앗기면 소용이 없습니다. 성경은 자기 집이나 성을 지키는 사람은 파수꾼이라고 했습니다. 파수꾼은 그 자리를 떠날 수도 없고 졸 수도 없습니다. 언제, 어디서 적이나 도적이 나타날지 모르기 때문에 예의주시하고 낱낱이 살펴야 합니다. 성경에서는 '네 눈동자처럼 지키라' 고 했습니다. 그 의미는 첫째, 눈동자의 중요성처럼 지키라는 뜻입니다. 눈은 전체가 다 중요하지만, 눈동자는 마치 카메라의 렌즈와 같아서 제일 중요합니다. 하나님의 법은 우리 인생의 눈동자입니다. 그래서 제일 중요하고 제일 소중한 것입니다. 둘째, 하나님께서는 눈을 만드실 때 눈을 보호하는 눈꺼풀을 만드셨습니다. 한마디로 눈은 자동개폐장치가 되어 있습니다. 필요에 따라서 열리고 닫히게 되어 있습니다. 우리가 눈을 보호하고 지키는 것처럼 하나님의 법도를 보호하고 지키라는 것이 성경의 교훈입니다. "진실로, 진실로 너희에게 이르노니 사람이 내말을 지키면 죽음을 영원히 보지 아니하리라."(요 8:51)고 말씀하셨습니다.

작년 7월에 우리 가족이 미국에 갔을 때 이상구 박사의 건강연구소를 찾아가서 현장을 보았습니다. 그 안에 슈퍼에는 식물성으로 가득 차 있었습니다. 건강하게 오래 살고자 하는 사람, 몸이 불편해서 건강이 회복되기를 원하는 사람이 훈련받는 장소입니다. 어떤 분은 이상구 박사의 비디오테이프를 보고 걱정이 생겼다고 합니다. 평소 좋아하는 음식을 먹지 말라고 했는데, 콜레스테롤이 많이 들어 있었기 때문입니다. 한 6개월 동안 절제를 했더니 현기증이 나서 쓰러졌습니다. 먹고 싶은 것을 못 먹고 병원에 입원했다는 것입니다. 이상구 박사 건강법이 보도되고 나서 콜레스테롤과 엔돌핀이 화제가 되어 한동안 떠들썩했습니다.

신앙생활을 잘하여 예수를 잘 믿고 말씀대로 살려는 생각에, 건강관리에 쏟은 열의의 1/10만 쏟아도 그 신앙은 훌륭한 신앙이 될 것입니다. 육체가 병들었다고 우는 사람은 많지만 영혼이 병들었다고 우는 사람은 많지 않습니다. 건강에 좋다는 음식은 찾아다니며 섭취하는 사람은 많지만 영혼의 소생을 위하여 말씀을 찾고 그 말씀을 지키려 하는 사람은 그리 많지 않습니다. "이 예언의 말씀은 읽는 자와 듣

는 자들과 그 가운데 기록한 것을 지키는 자들이 복이 있다."(계 1:3)
고 했습니다.

우리에겐 지켜야 할 것들이 많습니다. 건강도 지켜야 하고, 행복도
지켜야 하고, 가정도 지켜야 합니다. 직장도 지켜야 합니다. 더 중요
한 것은 믿음을 지켜야 합니다. 어떻게 믿음을 지켜야 합니까? 믿음
을 지키려면 하나님의 말씀을 지켜야 합니다. 말씀은 우리의 영혼을
새롭게 하고, 믿음을 올바르게 서게 해 주기 때문입니다. 바울은 "믿
음은 들음에서 나며 들음은 그리스도의 말씀으로 말미암았느니라."
(롬 10:17)고 했습니다. 말씀대로 사는 사람이 믿음이 좋은 사람이요
하나님께 인정받는 사람입니다.

둘째로, 하나님은 말씀을 '간직하라' 고 명령하십니다.

'간직한다,' '새긴다' 는 것은 보존과 갈무리의 의미가 있습니다. 1
절에서 "내 명령을 네게 간직하라"고 했으며, 3절에서 "이것을 네 손
가락에 매며, 이것을 네 마음판에 새기라."고 했습니다. "네가 만일
나의 말을 받으며 나의 계명을 네게 간직하며… 주 경외하기를 깨달
으며 하나님을 알게 되리니"(잠 2:1)라고 했습니다.

먼저, "네게 간직하라."입니다. 네 마음판에 새기라는 것입니다.
이 말씀을 간직하고 새겨야 할 자는 우리 인간들입니다. 성도들입니
다. 은행에 돈 맡겨두듯이, 물건을 보관소에 맡겨두듯이 하는 것이 아
닙니다. 항상 내가 말씀을 가지고 내가 그 말씀대로 살고 또 지키고
생활에 적용해야 합니다. 우리가 하는 일 가운데는 내가 꼭 해야 할
일이 있고 다른 사람에게 맡겨서 할 일도 있습니다. 밥 먹는 일, 잠자
는 일, 사는 것, 죽는 것 등 대신할 수 없는 것들이 많습니다. 하나님의
말씀도 내가 배워야 합니다. 은혜도 내가 받아야 합니다. 말씀도 내가

간직하고 예수도 내가 믿어야 합니다. 구원도 내가 받아야 합니다. 길을 알아야 길을 갈 수 있고, 운동경기도 규칙을 알아야 경기를 할 수 있습니다. 하나님의 말씀을 간직하고 마음에 새긴 사람들이 하나님 경외하는 법을 깨닫게 됩니다. 하나님을 경외하고 싶어도 섬기는 길을 알지 못하면 경외할 수가 없습니다. 올바른 법을 알아야 올바로 살고 섬길 수가 있는데 그 법을 모르면 방황하게 되는 것입니다.

장거리 비행기를 타면 친절하게 스튜어디스들이 봉사합니다. 어떤 음료수를 들겠습니까? 커피, 홍차, 콜라, 사이다, 오렌지주스, 토마토주스 중에서 어떤 것을 들겠느냐고 묻는 것입니다. 손님의 취향에 따라 봉사를 하는 것입니다. 우리가 주님을 올바로 섬기려면 주님의 뜻을 알아야 합니다. 그 뜻을 말씀 속에서 찾아야 합니다. 하나님의 말씀을 간직하라는 명령보다도 우리 심령에 새겨두라는 것을 강조합니다. 지워지지 않도록 새겨두라는 것입니다.

출애굽기를 보면 모세가 시내산에서 40주야 금식하고 십계명을 받는 기사가 나옵니다. 중요한 것은 모세에게 주실 때 돌판에 새겨서 주셨다는 사실입니다. 하나님께서 말씀하시고 모세가 받아쓸 수 있었을 것입니다. 아니면 말씀으로 받은 후에 석공이 그것을 돌에 새길 수도 있었을 것입니다. 그러나 친필로 돌판에 새겨서 주셨다는 것입니다. 모세가 그 돌판을 가지고 산에서 내려왔을 때 아론과 이스라엘은 금송아지를 숭배하고 춤추고 노래하고 있었습니다. 모세는 분노를 참지 못해서 그 돌판을 던져 깨뜨렸습니다. 그러나 그 후에 하나님께서는 다시 새겨주셨습니다. 무엇을 의미합니까? 하나님의 말씀은 새겨두어야 한다는 뜻입니다. 하나님의 말씀은 돌판보다 더 중요한 마음에 새겨야 합니다.

셋째로, 하나님은 말씀대로 '살라' 고 명령하십니다. 오늘 본문 2절을 보면, "내 명령을 지켜서 살며"라고 했습니다. 여기서 "살라"는 것은 생활화한다는 뜻입니다. "사랑하는 자들아 하나님이 이같이 우리를 사랑하셨은즉 우리도 서로 사랑하는 것이 마땅하도다."(요일 4:11)는 말씀을 알고 있으면서 어떻게 살고 있습니까? 예수 믿는 인구는 늘어나는데, 이혼, 자살, 마약중독, 범죄는 늘어나고 있습니다. 그 이유는 하나님의 말씀을 받아가지고 그것을 우리의 삶의 현장인 가정, 학교, 직장, 시장 등 어느 곳에서나 그대로 적용하고 실천하지 않기 때문입니다. 귀찮아도 실천해야 합니다. 내 뜻에 맞지 않아도 실천해야 합니다. 그리고 그 말씀 때문에 고민하고 걱정하고 몸부림치는 진통을 겪어야 합니다. 그래야 나무뿌리가 깊이 박히듯 신앙의 뿌리도 깊어집니다. 하루하루 밥을 먹고 물을 마시듯 하나님의 말씀을 먹고 마십니다. 그리고 하나님의 말씀을 눈동자처럼 소중히 받고 지키고 실천합시다. 그리하면 형통한 삶을 누리게 됩니다.

2008년도 교회 제직 명단

원로장로: 이성수 (1명)

은퇴장로: 김선규 (1명)

장로: 박동민 지진우 유재림 김원걸 박정규 김승옥 정규현 채재호 연기업
마순영 (10명)

안수집사: 조국증 신동일 김호태 이재우 박형순 박흥선 염관섭 강경섭
박종철 권오창 김경하 이덕우 장진영 오세원 추세응 장병우
김진태 김호준 박정식 이규영 박동복 김태일 이찬희 신완수
손봉현 김해용 송재혁 김동한 황광배 장완동 김진용 김명성
안영근 박재옥 김진순 (35명)

은퇴권사: 주창선 임순례 장옥순 함은이 지현숙 송명선 박금순 정해선
김경임 임옥례 오장순 박순이 김옥진 류한나 안재순 이봉희
정해련 정정숙 이상춘 오지연 장옥희 김예식 임정순 윤순근
김지은 이순희 서건원 김관식 오인순 이주희 전영희 오병님
최영순 최춘식 김선호 김경숙 이계숙 김영환 유순득 (39명)

명예권사: 한영순 이상우 이영순 차용호 윤정순 정영자 김순자 연송자
오명자 이기화 (10명)

협동권사: 유인자 김정순 (2명)

시무권사: 최정미 박영분 김복순 조규녀 고의선 박승자 유옥임 우이순
이명순 김경자 임정월 김백섬 민덕희 박영희 남기숙 최영희
황명애 김정자 주재화 윤용임 나명숙 김기옥 김선화 김희순
양항우 장명숙 서미옥 강춘하 황용숙 김영태 박명순 김인숙
어명수 송영주 오연희 김지신 장숙여 채희윤 이규옥 연태자
전종임 현경옥 윤여선 권순남 차재숙 김문숙 김기순 문기연
복은석 이순녀 정복순 남기순 채차순 유명주 김민정 장혜순
최정숙 정금란 김정숙 이상숙A 이상숙B 박정순A 박정순B

김미정 (64명)

서리집사:

(남) 김익수 김진두 김창기 김학성 박연주 박종화 박총희 박효석 박병배
양관모 은용운 이상우 이주찬 이재봉 장동일 채승원 송하용 방현준
강형중 김동만 김영호 김순태 박태수 손인근 조항표 지원석 추경승
추연흥 박요한 민현기 이재구A 이재구B (32명)

(여) 강경희 강소영 강희은 곽선영 권인숙 길미정 김남미 김남수 김명희
김경란 김미향 김민자 김선옥 김순악 김순희 김영희 백옥희 서숙희
송혜영 송은숙 신광자 신후분 안승미 양길숙 엄수복 연명자 염우정
오미자 윤숙희 이은아 이현희 이경애 임영경 임명희 임애숙 전남숙
정미화 조미숙 조양숙 차선희 최용자 추재득 한성례 홍영애 홍순자
황지은 황인숙 황안숙 강옥순 고숙자 김은희 김정희 김현남 노명순
서인숙 송혜숙 송석희 송원호 안선례 원복순 유덕순 윤효원 이춘섭
이상분 이미선 이인섭 최혜정 송연정 신금호 이현주 지은수 이순자
김복희 이경숙 곽은실 신명수 이애자 윤경식 김미정B 김미정C
(86명)

V부
1990년대 민주화운동

1장
1990년대 전반 민주화운동

1990년대 김정웅 목사의 민주화운동은 먼저 지역의 인권선교·인권운동단체를 맡아 섬기는 것으로 시작되었다. 김 목사는 1990년 2월부터 충북기독교교회협의회(충북NCC) 회장으로서 인권 선교에 나섰을 뿐 아니라 그리스도교 일치 주간 행사를 정례화하는 등의 업적을 남겼다. 동시에 충북인권위원회 위원장으로 '충북인권상위원회' 를 운영하면서 양심수를 후원하는 일에도 앞장섰다. 1980년대 전국목회자정의평화실천협의회(전국목정평)의 회계와 부의장을 역임했던 김 목사는 1990년 5월 1일 광주 한빛교회에서 열린 전국목정평 제6차 정기대의원총회에서 의장에 선출되었다.* 목정평은 진보적인 목회자들의

---

* 〈전국목회자정의평화실천협의회 제10차 정기대의원총회자료집〉(1994), 전국목회자정의
평화실천협의회, 36~37.

총회 인권위원회 위원들과 함께(1997. 3)
앞줄 맨 왼쪽이 김정웅 목사

협의체로 1980년대와 1990년대 기독교계 민주화운동을 주도했던 핵심
적인 조직이었다. 당시 김정웅 의장과 함께 목정평을 이끌었던 임원들
로는 부의장에 원형수 목사(기감)와 김병균 목사(예통), 사무처장 정명
기 목사(기감), 감사에 장석재 목사(기감)와 곽은득 목사(기감) 등이 있
었다. 김 목사는 또한 1993년에는 전국목정평의 감사로도 활동하였다.

  1990년에 일어났던 특기할 만한 사건으로는 당시 사회적으로 큰 파
문을 일으켰던 보안사 민간인 사찰 대상 1,303명의 명단에 김정웅 목사
가 포함되었다는 사실이다. 김 목사는 충북민족민주운동연합 의장으로
서 오충일, 이해학 목사 등 43명과 함께 전국민족민주운동연합 관련 사
찰 대상의 한 명이었다. *

보안사 민간인 사찰대상 1천3백3명 중 전민련 관계자

오충일(지도위원), 이해학(조통특위장), 이학영(중앙위원), 이창복(상임공동의
장), 김근태(집행위원장), 문익환(고문), 문국주(중앙위원), 신철영(노운협의
장), 신창균(공동의장), 고현주(대외협력국 간사), 강희남(고문), 김회택(사무
차장), 임무영(간사), 김현장(국제협력국장), 배종렬(공동의장), 윤정석(〃),
권형택(조통위국장), 김영환(조통분과위원), 이영순(공동의장), 이명남(충남민
련), 김순호(〃), 이명희(〃), 임성대(〃), **김정웅**(충북민련), 김재수(〃),
김형근(〃), 차덕봉(〃), 박창신(전북민련), 이광철(〃), 노병관(〃),
한상열(〃), 이수금(〃), 배다지(부산민련), 최병철(〃), 배진구(마창민
련), 유강하(대구경북민련), 강창덕(〃), 김종길(〃), 서정룡(경기민련), 김

* 〈한겨레신문〉(1990. 10. 6)

용화(〃), 김종맹(〃), 박윤수(〃), 허인규(〃)〈이상 43명〉

이에 대해 김정웅 목사를 포함한 노무현, 이해찬, 문동환 등 사찰 대
상자들은 국가에 손해배상을 청구했고 길고 지루한 재판 과정을 거쳐
배상금을 받을 수 있었다. 김 목사는 최종 판결 이후 받은 배상금 3백여
만 원을 관련 단체에 기부했다. 다음은 이 사건에 대한 서울지방법원의
판결(1995. 9. 29) 이후 국방부가 제출한 항소장 내용으로 1심 판결문이
아래에 수록되어 있다.

항 소 장

원고(피항소인): 1. 강동규 2. 김정웅 3. 노무현 4. 문동환 5. 이강철
6. 김승훈 7. 권용목 8. 권호경 9. 김광훈 10. 김낙중 11. 김상곤 12. 김상윤
13. 김영기 14. 김용복 15. 김진국 16. 김찬국 17. 김택진 18. 김홍
19. 노옥희 20. 문성현 21. 문승만 22. 박승호 23. 박영순 24. 박인범
25. 성봉춘 26. 소영호 27. 송시우 28. 심재철 29. 양시경 30. 오순부
31. 윤진호 32. 윤춘광 33. 이강기 34. 이만열 35. 이상수 36. 이영길
37. 이영일 38. 이우정 39. 이원건 40. 이해경 41. 이해찬 42. 이형건
43. 이희영 44. 임홍기 45. 장명국 46. 정동화 47. 정재원 48. 조철현
49. 차구영 50. 최병욱 51. 최선호 52. 최창수 53. 하동삼 54. 허병섭
55. 홍성우 56. 황인범 57. 황인성 58. 윤정현

피고(항소인): 대한민국 법률상 대표자 법무부 장관 안우만
　　　　　　　소송수행자 국방부 이광순
　　　　　　　송달장소 우편번호 140-701

서울 용산구 용산동3가 1번지 국방부 국제법과

위 당사자간 서울지방법원 91가합 49346호 손해배상 청구사건에 관하여 피고 대한민국은 동원이 1995. 9. 29. 선고한 판결 중 피고 패소부분에 대하여 불복이므로 이에 항소를 제기합니다.

원판결의 표시

1. 피고는 별지 목록2 기재 원고들에게 각 금 5,000,000원, 별지 목록3 기재 원고들에게 각 금 3,000,000원 및 각 이에 대한 1991. 7. 27.부터 1995.9.29.까지는 연5푼, 그 다음 날부터 완제일까지는 연 2할 5푼의 각 비율에 의한 금원을 지급하라.
2. 별지 목록4 기재 원고들의 각 청구 및 별지 목록2, 3 기재 원고들의 각 나머지 청구를 모두 기각한다.
3. 소송비용 중 별지 목록2 기재 원고들과 피고와의 사이에 생긴 부분은 피고의, 별지목록3 기재 원고들과 피고와의 사이에서 생긴 부분은 이를 5분하여 그 2는 위 원고들의, 나머지는 피고의, 별지 목록4 기재 원고들과 피고와의 사이에 생긴 부분은 위 원고들의 부담으로 한다. (피고 대한민국은 위 판결 정본을 1995. 10. 13. 송달받았습니다.)

김정웅 목사는 1991년 12월 14일 창립된 민주주의민족통일충북연합(충북연합)의 상임대표로 선출되었다. 충북연합은 1991년 12월 1일 결성된 민주주의민족통일전국연합(전국연합)의 참가단체였다. 전국연합은 1989년 1월에 만들어졌던 전국민족민주운동연합(전민련)이 '합법정당논쟁'으로 이부영을 비롯한 일부 간부진이 사퇴하고 '강기훈 유서

대필사건' 등 정권의 탄압으로 조직 역량이 약화되자, 침체되었던 재야 운동 세력들이 다시 모여 출범한 민족민주운동 세력의 결집체였다. 여기에는 전국민주노동조합총연맹(민주조총)의 전신인 전국노동조합협의회(전노협), 전국농민회총연맹(전농), 한국대학총학생회연합(한총련)의 전신인 전국대학생대표자협의회(전대협) 등 14개 운동단체와 청주·서울·부산·광주 등 13개 지역운동단체가 참가했다.

충북연합의 창립은 1991년 가을부터 논의되기 시작했다. 1991년 5~6월 투쟁의 구심이었던 '민자당 일당 독재 분쇄와 민중 기본권 쟁취를 위한 국민연합 충북본부' 에서는 그해 9월부터 새로운 상설연합체 건설에 대한 문제에 대한 토론에 들어갔다. 그 결과 국민연합 충북본부를 비롯한 충북민족민주운동연합 등 그동안의 지역 연대 운동의 경험과 힘을 계승하여 새로운 연합체를 건설하기로 결정하였다. 여기에는 7개 부문 1개 지역의 회원단체가 참여하기로 하였다. 충북연합은 1987년 이후 비약적으로 발전하여 정치적 진출을 강화해 온 '기층대중조직의연대' 와의 유대를 더욱 공고히 하여 1992~1993년의 권력 재편기를 통일, 단결된 모습으로 대응하기 위하여 창립되었던 것이다. *

김정웅 목사는 1993년 2월까지 충북연합의 상임대표로 있으면서 민주정부 수립과 민주개혁을 위한 국민회의 충북본부를 설치·운영하였고, 또한 수서비리규탄국민대회와 강경대 사망 사건 등 굵직한 현안을 다루었다. 충북연합의 참가 단체로는 전국농민회총연맹충북도연맹(대의원 15/중앙위원 3), 충북지역대학생대표자협의회(18/4), 충북민주교수협의회(3/1), 충북문화운동연합(8/2), 전국교직원노동조합충북지부

---

* 《충북지역 민주화운동자료집》(2001, 11), 충북연대, 92.

(15/3), 청주지역민주청년연합(6/2), 충북민족민주운동연합충북목회자 정의실천협의회와 충북기독청년협의회(12/3), 민주주의민족통일충주 중원연합(8/2) 등이 있었다. *

그 외에 김정웅 목사는 자주평화통일민족회의충북본부 공동대표 (1994. 7~2001. 3)로도 활동하였는데, 자주평화통일민족회의는 1990년 설립한 조국통일범민족연합의 활동을 보다 대중적이며 남측 상황에 기 반을 둔 통일운동을 전개하기 위해 1994년 7월 2일 54개의 민간단체가 모여 창립한 민간통일운동단체로서, 주요 활동으로는 8·15 기념 통일 행사(범민족대회, 평화통일민족대회, 겨레손잡기대회, 6·15민족공동행사 및 8·15통일대축전 개최), 평화연대활동(한반도 평화통일을 위한 국제 대회 개최, 헤이그 국제평화회의 참가), 민족사 바로알기운동(일제잔재청 산과 민족정통성 확립을 위한 3.1 민족자주선언 발표, 개천절 기념 민족공 동행사 추진), 청소년·시민 통일교육(금강산통일기행 주관, 사이버통일 백일장 주관) 등이 있다.

---

* 《충북지역 민주화운동자료집》(2001, 11), 충북연대, 115.

보혜사 성령과 더불어

1995년 6월 21일
성경본문: 요 14:16~24

기독교의 역사를 성부, 성자, 성령의 사역에 따라 세 시대로 구분합니다. 즉 구약시대를 성부시대라 하고, 신약시대를 성자시대라 하고, 교회시대를 성령시대라고 합니다. 그중에서 우리는 지금 교회의 시대 즉 성령시대에 속해 있습니다. 교회는 오순절 성령 강림으로 시작되었습니다. 교회는 성령의 역사(役事)와 권능에 의해서 발전하고 홍왕하여 오늘에 이르고 있습니다. 이 성령을 보혜사(요 14:26)라고 했습니다. 예수님은 "다른 보혜사를 너희에게 주신다."(요 14:16)고 하였습니다. 이것은 요한일서(2:1)에서 예수 그리스도를 보혜사(대언자)라고 했으므로("아버지 앞에 우리에게 대언자가 있으니 곧 의로우신 예수그리스도시라"), 요한복음은 성령을 다른 보혜사라고 한 것입니다. 성령님은 어떤 분입니까?

첫째, 성령은 성도와 함께하시는 영입니다. 보혜사 성령은 동거의 영입니다. "내가 아버지께 구하겠으니 그가 또 다른 보혜사를 너희에게 주사 영원토록 너희와 함께 있게 하시리니"라고 했습니다. 하나님께서 보혜사 성령을 보내 주시는 데에는 이유가 있습니다. 성도들과 영원히 함께 있기 위함입니다. 보혜사 성령은 성도들과 함께하시는 영입니다.

하나님께서 인간을 창조하실 때 아담을 창조하시고 그의 독처하는 것을 좋지 않게 여겨 하와를 만들어 함께 살게 하였습니다. 함께 살고 더불어 사는 것이 아름다운 삶이요 좋은 삶이요 선한 삶이며 행복한 삶입니다. 세상에서 제일 불쌍한 사람이 누구입니까? 함께 살아야 할 부모가 없는 고아입니다. 왜 불쌍합니까? 고독하기 때문입니다.

여러분! 함께 산다고 하는 것이 행복한 삶의 대단히 중요한 요소입니다. 보혜사란 말은 헬라어로 파라클레토스입니다. 즉 곁으로 부른다는 뜻입니다. 함께 존재한다는 뜻입니다. 우리를 보호하시고 사랑하시고 격려하신다는 뜻입니다. 아무리 많은 사람 속에 있더라도 참다운 대화와 교제가 이루어지지 않으면 고독하고 불행합니다. 인기 정상에 있던 유명한 배우 마를린 먼로가 자살한 이유가 무엇입니까? 고독 때문입니다. 부와 명예 그리고 인기로도 채워지지 않을 뿐 아니라 때로는 사람을 죽음에 이르게 하는 고독의 핵심은 뜻을 함께 할 사람이 없기 때문입니다.

중국의 유명한 학자 임어당은 40년을 방황하다가 하나님을 만난 사람입니다. 그는 이렇게 말했습니다. "하나님 없이 살았던 지난 40년은 완전히 고아와 같은 생활이었다." 인간의 고독의 핵심은 고아의식입니다. 하나님 없이 살았던 40년이 고아와 같은 생활이었다는 것은 고독하게 불안한 삶을 살았다는 것입니다. 임어당이 고독과 불안에서 벗어나 참 평안과 행복을 맛보게 된 것은 하나님과 함께하는 신앙생활의 결과였습니다. 그래서 사람은 영적인 존재입니다. 그리고 사람은 눈에 보이는 것만으로는 만족을 누리지 못합니다. 신령한 하나님을 모시고 살 때 비로소 만족하게 됩니다.

"내가 너희를 고아와 같이 버려두지 아니하고 너희에게 오리라."(18절)고 하셨습니다. 여러분. 성도는 고아가 아닙니다. 보혜사 성령께서 함께하십니다. 우리를 위로하시고, 우리에게 말씀하시고, 우리를 도우시고, 역사하시고, 교제하십니다. 보혜사란 말은 위로자, 상담자, 돕는 자란 뜻입니다. 보혜사 성령은 우리와 함께하셔서 마음이 괴로울 때 위로하시고, 갈피를 못 잡을 때 인도해 주시고, 연약할 때도 도와주시는 분이 보혜사 성령이십니다. 인간은 만날 때가 있으면 헤어지는 때가 있습니다. 효성이 아무리 좋아도 부모와 자식은 헤어지는 때가 있습니다. 우정이 아무리 깊어도 친구가 떠나는 때가 있습니다. 그래서 인간을 의지하면 낙심하고 맙니다.

보혜사 성령은 사람과 함께하십니다. "보혜사를 너희에게 주사 영원토록 너희와 함께 있게 하시리니." 이 땅위에서도, 또 하나님의 나라에서도 같습니다. 여기 고독한 분이 있습니까? 도움이 필요한 분이 있습니까? 우리와 함께하셔서 도와주시는 성령님과 금생과 내생에서 행복하게 살아갑시다.

둘째, 보혜사 성령은 진리의 영입니다. "보혜사 곧 아버지께서 내 이름으로 보내실 성령 그가 너희에게 모든 것을 가르치시고"(요 14:26)라고 하였습니다. 또한, "진리의 성령이 오시면 그가 너희를 모든 진리 가운데로 인도하시리라."(요 16:13)고 했습니다. 보혜사 성령은 진리를 가르치시고 진리 가운데로 인도하시는 진리의 영입니다. 인간을 바르게 살도록 지도하고, 교육하고, 인도하시는 분이 보혜사 성령입니다.

우리 부모님들은 참으로 고생을 많이 했습니다. 헐벗고, 추위에 떨고, 배고프고, 고달픈 삶을 살았습니다. 지금은 보릿고개가 없어졌습니다. 옛날에 비하면 잘 입고, 잘 먹고, 잘삽니다. 물질적으로는 참으로 풍요로운 사회가 되었습니다. 하지만 오늘의 사회에 심각한 문제가 많습니다. 그것은 진리의 문제입니다. 얼마나 바르게 사느냐 하는 것이 오늘의 문제입니다. 바르게 살지 못하면 풍요 때문에 망하고, 많은 돈 때문에 타락하기 때문입니다. 부정부패 부조리가 창궐하는 것은 못 살아서가 아니라 바르게 사는 진리를 잃었기 때문입니다.

바르게 생각하고, 바르게 행동하는 것은 지식으로 되는 것이 아닙니다. 물질로 되는 것도 아닙니다. 권력으로 되는 것도 아닙니다. 진리의 영으로 가르침을 받고, 진리의 영인 성령으로 거듭나야 합니다. 올해 6월 27일 지방 4대 선거는 중요합니다. 더 중요한 것은 선거운동을 바르게 하는 것입니다. 투표를 바르게 하는 것입니다. 물은 고여 있으면 썩는 것입니다. 권력도 한 곳에 한 당에 머물러 있으면 썩는 것입니다. 헤롯 왕이 탐관오리로, 의인이요 예언자요 선지자인 세례요한의 목을 잘랐습니다. 빌라도 총독은 심문을 해보고 죄가 없다 그러면서도 예수 그리스도를 십자가에 못 박아 죽였습니다. 선거 잘못하면 망하는 선거가 됩니다. 그렇다고 무관해서도 안 됩니다. 열심히 일할 사람은, 정직한 사람은 적극 홍보하고 권장해야 합니다.

보혜사 성령이 오시면 죄에 대하여, 의에 대하여, 심판에 대하여 세상을 책망하신다고 했습니다.(요 16:8) 잘못된 이 세상이 진리의 영이신 성령의 책망을 받고 고침을 받아야 구원을 받고 복을 받을 수 있습니다. 성령은 죄악을 깨우쳐 주며, 양심의 가책을 느끼게 하며, 인생관 가치관 세계관을 바르게 정립시켜 주는 힘을 가지고 있습니다. 예수님께서 말씀하신 것처럼, 물과 성령으로 거듭나지 아니하면 하나님의 나라에 들어갈 수 없습니다.(요 3:5) 성령의 능력을 받아야 길과 진리와 생명이신 그리스도의 일꾼이 될 수 있습니다. 보혜사 성령을 받아야 복음의 진리를 전파할 수 있습니다. 우리 모두 보혜사 성령과 더불어 살아야 하겠습니다.

2장
1990년대 후반 민주화운동

김정웅 목사는 1995년 4월 통일시대국민회의 충북지부 상임 대표가 되어, 충북 최초의 자치단체 예산분석 자료집 발간과 시도의원 연수 개최, 시민정보화 교육 강좌, 충북도농체험학교 등의 사업을 추진하였다. 또 1997년에는 6월항쟁 10주년 충북기념사업위원회 상임위원장으로서 기념사업을 주관하였다. 김 목사는 10년 전인 1987년 당시 민주헌법쟁취국민운동 충북본부의 상임의장으로 청주 6월항쟁의 주역이었다.

1997년 12월의 대통령선거를 앞두고 충북의 민주진영은 다시 정권교체민주개혁충북위원회를 결성하였다. 충북위원회의 창립을 제안하고 그 준비를 위해 적극 노력해 온 통일시대민주주의충북연대의 대선(大選) 방침이 결정된 것은 1997년 7월이었다. 충북연대는 1997년 대통령선거에서 수평적 정권교체의 성취를 당면 목표로 정하고, 이를 위해

범민주 세력의 단결과 민주개혁의 내용을 관철시키는 데 주력하기로
하였다. 이런 방침하에 대선대비모임과 대선기획단을 가동하고 대선
강연회와 지역사회단체 간담회를 개최하면서 1997년 대통령선거와 관
련된 지역 입장을 조율해 나갔다.

김정웅 목사는 양병기, 임호와 함께 충북위원회 추진 모임의 대표로
그 결성에 깊숙이 참여하였다.* 드디어 1997년 9월 29일 20여 명의 지
역인사가 모인 충북위원회 발기인 선언 준비모임에서는 선언의 일정과
추진모임 결성에 대한 계획을 논의하였고, 소정의 준비를 거쳐 10월 10
일 88인의 각계 대표 인사 명의로 충북위원회 발기인 선언과 함께 충북
위원회 구성을 완료하게 되었다. 당시 충북위원회는 김정웅 목사와 양
병기, 임호 등 3인의 공동대표를 두었다.** 충북위원회 결성대회는
1997년 10월 29일 오후 2시 청주 예술의전당 대회의실에서 거행되었
다. 한편 전국 조직인 정권교체민주개혁국민위원회는 10월 23일 기자
회견을 통해 결성과 함께 11월 6일의 조직 창립계획을 천명함으로써 충
북위원회의 전국적 협력 체계가 명확해지게 되었다. 그리고 그 두 달
뒤 김대중 후보가 당선됨으로써 소망하던 정권교체가 이루어졌다. 다
음은 충북위원회 소식지인 〈희망'97〉 제1호에 실린 공동대표단의 선언
문이다.*** 김정웅 목사는 당시 7명으로 구성된 공동대표단의 일원이
었다.

---

* 《충북지역 민주화운동자료집》(2001, 11), 충북연대, 118.
** 《충북지역 민주화운동자료집》(2001, 11), 충북연대, 119.
*** 《충북지역 민주화운동자료집》(2001, 11), 충북연대, 161.

정권교체!

새로운 역사의 시작입니다.

1997년 12월 18일은 철저한 무신론자도 하늘의 도움이라는 탄성을 터트리도록 만든 정권교체의 날이었습니다. 12월 18일은 수평적 정권교체라는 역사의 관문을 통과하지 못하면 새로운 역사의 시작은 불가능하다는 확고한 신념을 가지고 一路 매진해 온 동지들과 국민들이 함께 창조한 위대한 승리의 날이었습니다.

지난 10월 29일 충북 지역운동의 전통을 간직하고 일관되게 민주연합의 길을 고수해 온 충북연대가 다른 어느 지역보다 일찍 대선을 위해 준비해 온 역량을 바탕으로 '정권교체 민주개혁 충북위원회'가 창립되었습니다. 이후 선거법 관계로 '공정선거 민주개혁 충북위원회'로 개칭하여 정권교체와 민주개혁을 위해 헌신적으로 활동해 온 충북위원회는 헌정사상 최초의 수평적 정권교체에 소임을 다하였습니다.

충북위원회는 '정권교체! 새로운 역사의 시작입니다.'라는 슬로건을 걸고 안정적이고 폭넓은 조직기반을 구축하여 대선의 전 과정에서 적절한 기획과 높은 실무집행력을 발휘함으로써 그야말로 정권교체에 실질적으로 기여하는 활동을 전개하였습니다.

정권교체를 함께 이룬 동지 여러분!

지나온 수십 년 동안의 세월을 되돌아봅니다. 외세의 압제와 분단 그리고 독재의 그늘 아래서 신음하며, 민족의 자주와 통일, 민주주의 실현을 위해 흘렸던 땀과 눈물로 범벅된 나날들이었습니다. 무엇보다도 먼저 자신들의 생명을 겨레의 제단 앞에 기꺼이 바친 수많은 선열들의 숭고한 희생을 기억하지 않을 수 없습니다. 또한 온갖 고난을 감내하며 보다 나은 조국의 내일을 만들어 나가기 위해 힘써 온 여러분들의 겨레에 대한 뜨거운 사랑을 생각하지 않을 수 없습니다.

새로운 역사의 출발점에 함께 선 동지 여러분!

오늘을 위하여 먼저 가신 동지들이 새로운 역사 바로 세우기 과정 속에서 다시 살아나 우리와 함께 다시 사는 날을 열어 갑시다.

더 좋은 세상을 기다리는 낮은 땅의 사람들을 위하여 개인과 사회의 이익을 일치시키는 도덕적 원칙을 더욱 확고히 하여 물질의 시험에 들지 맙시다.

미래 속에 담겨 있는 가능한 많은 것을 현재 속으로 끌어들여서 절망하는 이들에게 희망의 햇살로 퍼졌던 지난날들을 간직하고 계속 그렇게 삽시다.

지나간 시대는 우리에게 달구질의 시대였습니다. 새로운 역사 창조의 기수로 태어나기 위한 단련의 시절이었습니다. 이제 우리는 21세기 희망의 정치세력으로서 국민이 선택할 수 있는 대안의 정치적 구심을 만들어 가는 일에 힘을 모아야 합니다.

수평적 정권교체로 새로운 역사의 시작을 연 아름다운 사람들이여!

늘 푸르게 깨어 있는 여러분들과 함께 우리 시대의 희망으로 다시 서고 싶습니다.

공동대표단
김정웅·강혜숙·권희돈·노영민·양병기·임 호·조성학 드림

김대중 정부의 수립 이후 충북의 민주화운동 세력은 다시 민주개혁국민연합충북연대를 만들어 새로운 상황에 적응하고자 했다. 민주개혁국민연합은 과거 1970~1980년대 민주화운동을 이끌었던 인사들이 총결집하여 '민주개혁을 통한 21세기 새로운 미래의 준비'를 모토로 결성된 전국조직으로 충북연대는 그중 가장 먼저 창립된 지역조직이었

다. 충북연대의 창립대회는 1999년 3월 18일 저녁 7시 상당구청 2층 회의실에서 김정웅 상임대표 등 임원과 회원 150명 등 모두 300여 명이 참석한 가운데 열렸다. 특히 이날 행사에서는 민주개혁국민연합 본부의 이창복 상임대표 등 주요 임원들이 참석해 충북연대에 대한 기대를 실감케 했다. 이날 창립한 충북연대에는 통일시대국민회의충북연대를 중심으로 그동안 충북지역에서 민주화 및 지역운동을 함께 해 왔던 각계 인사들이 참여함으로써, 지난 1987년 6·10항쟁 이후 민주 세력이 재결집하여 지역운동에 나섰다는 점에서 큰 의미를 갖는다.

충북연대는 지역주민의 어려움을 덜고 민주주의와 지방자치의 발전을 위해 노력하기로 하면서 〈월간 충북자치 21〉발간, 전화신문고 개설 등 새로운 사업들을 제시해 회원들의 눈길을 끌었다.* 또 이날 1999년 6대 사업과제로 ▲개혁을 위한 시민운동 ▲민주시민교육(청주민주시민교육원 설립) ▲주민자치공동체운동(자원봉사 공동체운동 전개) ▲실업극복 공생운동(대졸자 해외취업센터 설치) ▲남북화해협력운동(북녘에 비료보내기 등) ▲인권 선진화 운동(의혹·조작 시국사건 진상규명 활동) 등을 확정, 각 사업과제별 위원회를 구성하였다.

그 후 충북연대가 개설한 전화신문고에는 연일, IMF시대를 맞아 주민들이 느끼는 생활상의 여러 민원에서부터 행정개혁방안에 이르기까지 다양한 목소리로 전화가 끊이지 않았다. 전화신문고에는 법률상담을 비롯하여 7개 분야의 전문가를 전문위원으로 위촉하고, 10여 명의 실행위원들이 발로 뛰며 접수된 민원을 해결하느라 동분서주하였다. 충북연대는 전화신문고를 통해 접수된 주민들의 의견을 해당 자치단체

---

* 〈월간 충북자치 21〉 제6호(1999년 4월), 충북연대, 44.

에 전달하고 시정(是正)을 촉구하는 활동을 함께 하여, 지역주민들과 자치단체로부터 좋은 반응을 얻었다.

김정웅 목사는 1999년 9월 27일 반부패국민운동연대충북본부 초대 회장에 취임하였다. 반부패국민운동은 1999년 4월 10일 민주개혁국민연합이 행정자치부 공모사업에 국민신문고를 주된 내용으로 하는 민주개혁—공동체운동 사업계획에 응모, 선정된 것이 계기가 되었다. 그리하여 충북에서도 사회의 총제적인 부패 구조를 청산하고 깨끗한 사회를 만들기 위한 반부패국민연대충북본부가 1백여 명의 시민사회단체 대표와 지역인사들이 참석한 가운데 창립되었던 것이다. 여기에는 민족예술인총연합충북지회, 민족화합운동충북연합, 충북연대, 우리밀살리기운동충북본부, 원불교충북교구, 천주교청주정평위, 청주KYC, 청주YMCA, 청주여성의전화, 청주환경운동연합, 충북NCC, 충북여성민우회, 충북청년회의소, 흥사단충북지부 등 14개 참가단체와 전교조충북지부가 참관단체로 참여해 대부분의 지역사회단체가 '반부패' 라는 이름으로 뭉치게 되었던 것이다. 창립대회에서 초대 회장으로 선출된 김정웅 목사는 "통합과 전진의 21세기를 맞이해야 함에도 불구하고 우리는 아직 부패공화국의 오명을 뒤집어쓰고 있다."며 "후손들에게 떳떳하고 맑은 나라를 물려주기 위해서는 이번 부패추방운동을 반드시 성공시켜야 한다."고 말했다. *

이 밖에도 김 목사는 단재문화예술제추진위원회 공동위원장(1998. 10)과 한국투명성기구충북본부 상임대표(1999. 9~2004. 2)를 역임하였고, 또 충북지역종교인평화회의 상임대표(1999. 11~)로서 6개 종단 청

---

* 〈월간 충북자치 21〉 제11호(1999년 10월), 충북연대, 30.

소년 평화학교와 이웃종교 이해 강좌를 개설, 운영하기도 하였다.

민족의 희년

1998년 8월 15일
성경본문: 레 25:8~17

"제오십년을 거룩하게 하여 전국 거민에게 자유를 공포하라. 이 해는 너희에게 희년이니, 너희는 각각 그 기업으로 돌아가며, 각각 그 가족에게 돌아가라." (25:10)

우리 한민족이 한반도에 터를 잡고 살아온 지 수천 년. 이 민족이 선량한 백성으로 평화를 사랑하며 살아왔습니다. 일본으로부터 나라를 잃고 망국 백성으로 슬프게 살기도 했습니다. 이 땅의 해방을 위해 죽은 선열이 얼마이며, 순교한 하나님의 종들이 얼마입니까? 그러나 나라를 찾고 해방이 되고 정부수립 50년 동안 공산주의, 자본주의라는 사상 때문에 서로 죽이고 미워하면서 지금까지 살아왔습니다.

다함께 잘사는 공산주의를 목표로 출발한 이북은 한 인간을 우상으로 만들고, 백성은 노예가 되어, 세계에서 찾아볼 수 없는 폐쇄된 독재국가가 되고 말았습니다. 그러나 민주주의로 출발한 남한은 특권 계층이 귀족화되고, 빈부의 갈등으로 온갖 못된 죄악의 부조리한 사회가 되었습니다.

지금 민족의 한 맺힌 분단의 원인이 어디에 있다고 생각하십니까? 그것은 가난한 민족이 당하는 비극입니다. 공산주의와 자본주의는 우리가 만든 제도가 아닙니다. 이 제도를 우리나라에 갖다 놓고, 정치적 욕심을 넣어 주고, 싸움을 붙여서 서로 민족을 죽이는 무기만 팔아 자기들 배를 불리고 있습니다. 남과 북의 분단은 인간의 죄에 대한 결과요, 하나님의 심판으로 보아야 합니다. 정치가는 정치적 통일을 생각합니다. 사상가는 이념적 통일을 말합니다. 민족주의자는 민족 화합을 생각합니다. 그러나 하나님의 사람들은 예수 그리스도의 화해가 실현되는, 하나님의 평화가 임하는 구속적 새 역사의 실현으로 보아야 합니다. 그러므로 한국 민족의 통일은 구약에서 말하는 희년의 선포요, 예수 그리스도의 선교 사역의 구체적 실현이 될 것입니다.

하나님은 이스라엘 민족이 애굽에서 종살이를 할 때 바로의 압제에서 사슬을 풀고 해방시켰습니다. 이것은 하나님의 전적인 은혜로 된 일이었습니다. 이방 땅 애굽에서는 해방되었으나 가나안 땅에 들어온 이스라엘 백성 스스로 압제와 부조리한 사회 현실에 직면하게 되었습니다. 오직 하나님만을 유일한 주인으로 섬길 때는 평안했습니다. 그런데 이스라엘 백성이 왕을 세우자 백성의 억압과 부담은 많아지고, 계급사회가 형성되었습니다. 억눌린 자가 생기고, 빈부의 경제구조가 생기고, 가난한 사람은 농토를 팔고, 집을 팔고, 아내도 자녀도 노예로 팔리는 불평등한 사회가 되었습니다.

하나님은 그래서 희년법을 주셨습니다. 희년이란 이스라엘 백성이 가나안 땅에 돌아온 해부터 50년이 되는 해입니다. 7년이 지나면 안식년이라 6년은 논과 밭에 논사하고 1년은 농토를 쉬게 합니다. 안식년이 7번 지나면 49년이 되는데 그 다음해가 희년이 됩니다. 희년 축제는 이스라엘 민족의 자유인의 축제입니다. "50년 7월 10일은 희년이니 양각나팔을 전국에서 불고 전국 거민에게 자유를 공포하라. 이

해는 너희에게 희년이니."(레 25:10) 희년에는 땅을 다시 찾습니다. 노예로 팔린 사람은 자유인이 됩니다. 집도 되찾습니다. 기업도 되돌려받고, 부채도 탕감 받는 자유를 선언합니다.

첫째, 희년은 하나님 백성의 자유인 선언입니다. "50년 마다 돌아오는 희년을 거룩하게 하여 전국 거민에게 자유를 공포하라. 이 해는 너희에게 희년이니…." 대한민국도 1998년 8월 15일을 기념하여 7,007명에게 사면 복권을 단행했습니다. 하나님께서 이스라엘 백성을 애굽에서 해방시킨 것은 자유인을 살리는 것이요, 하나님의 백성으로서 사람답게 살도록 하신 것입니다.

희년은 이스라엘 민족에게 억울한 자가 없어지는 날이요, 가난한 자가 기쁜 소식을 얻는 날이요, 포로된 자가 해방을 얻는 날이요, 억눌려 사는 자들이 자유롭게 사는 날이요, 종살이에 매여 있던 자가 고향으로 돌아가 사는 날입니다. 그래서 이스라엘 민족의 큰 축제가 되는 해인 것입니다. 출애굽이 제1의 해방이라면 희년은 제2의 해방입니다. 출애굽이 일회적인 해방이라면, 희년은 반복적 해방입니다. 출애굽이 외국으로부터 해방이라면, 희년은 본국으로부터 해방입니다.

신앙적인 의미에서 출애굽이 죄와 사망으로부터의 구원적 사건이라면, 희년은 자기로부터 자유를 누리는 성화적 사건입니다. 예수 그리스도는 우리를 십자가에서 죄와 사망으로부터 해방시키고 성령을 보내어 자유하는 삶으로 살게 하셨습니다. 하나님의 은혜로 우리가 죄와 사망으로부터 구원받고 해방은 얻었지만, 육신의 정욕, 안목의 정욕, 이생의 자랑이 우리를 사로잡아 노예로 있습니다. 참으로 나를 자유케 하는 것은 모든 탐욕으로 포로된 것에서 해방되는 것입니다.

사실 하나님의 크신 은혜가 아니고는 어떤 사람도 자유를 누릴 수 없습니다. 자유인이 되는 것은 사람의 노력으로는 불가능합니다. 자기를 십자가에 죽이지 않고는 자유인이 될 수 없습니다. "누구든지 그리스도 안에 있으면 새로운 피조물이라. 이전 것은 지나갔으니 보라 새것이 되었도다." 그렇습니다. 새사람이 되는 것, 이것이 기독교의 복음입니다. 하나님께로 오는 것은 그리스도인의 회개를 의미합니다. 예수 앞에 나아오는 것입니다. 하나님께 나아오는 것은 나 자신을 십자가에 못 박고 나의 모든 과거를 청산하는 것입니다.

예수 그리스도가 인류에게 희년을 선포하기 위해 자기 자신을 비우듯이 우리의 영원한 새 생명의 구원을 위해 자신을 철저히 비우고 그리스도의 마음으로 돌아가야 합니다. 이것이 우리 생애의 희년이요, 해방의 자유입니다. 육신의 정욕과 안목의 정욕과 이생의 자랑에서 돌아서서 그리스도에게로 가야 합니다. 여기에 살길이 있고 살리는 길이 있습니다. 세계 어떤 문헌에서나 역사에 희년법은 없습니다. 성경에만 있습니다. 한국 민족의 희년 선포는 민족의 화해와 평화의 실현으로 이어집니다.

둘째, 희년은 민족의 화해를 이루는 사면의 선언입니다. "7월 10일은 속죄일이니 너는 나팔소리를 내되 전국에서 나팔을 크게 불찌며…."(레 25:9) 희년의 선포가 속죄일에 이루어진다는 것은 큰 의미가 있습니다. 희년의 정신은 이스라엘 백성에게 대사면을 선포하는 것입니다. 속죄일이 되면 대제사장은 1년에 단 한 번 이스라엘은 회중의 죄를 속죄하기 위해 제물의 피를 가지고 지성소까지 들어가서 속죄소에 피를 붓게 되는데 예수 그리스도의 죽음을 상징하는 이 대속적 행위가 희년 선포의 근거가 되는 것입니다. 우리나라 3·1절, 제헌절, 광복절, 성탄절에 대통령이 특별사면·복권을 시킵니다. 이 원리가 성경의 희년법에서 근거합니다. 희년은 이스라엘 모든 민족이 모든 죄를 대사면하는 날입니다. 우리나라는 사면 대상자를 골라서 사면합니다만 성경은 전부 사면합니다. 속죄일은 하나님의 사면과 백성의 회개가 동시에 이루어지는 날입니다.

예수 그리스도가 인간의 몸을 입고, 이 땅에 오신 것은 자신을 속죄의 제물로 삼아 하나님의 제단인 십자가 위에 바쳐 드림으로 온 인류에게 희년의 은혜를 베푸신 것입니다. 우리는 하나님 앞에 죄인들입니다. 용서받아야 할 사람입니다. 우리 민족은 오랫동안 적개심과 증오심을 품고 살아온 민족입니다. 네 이웃을 네 몸같이 사랑하라는 계명을 범한 민족입니다. 분단된 민족이 정치와 이념의 차이로 수많은 동족을 죽이면서도 양심의 가책도 없이 지내 왔습니다. 이북 공산당의 법으로는 이남에 있는 우리는 죽이게 되어 있습니다. 남한의 국가보안법을 보면 이북에 있는 동포는 다 죽여야 할 사람입니다. 선량한 백의민족을 모두 죄인을 만들어 놓은 것이 무엇입니까? 그것은 민족의 분단입니다. 공산주의와 자본주의의 사상적 갈등입니다. 남한에서는 공산주의라는 말만 해도 보안법에 의해 처형했고, 이북에서는 자본주의 소리만 나오면 처형했습니다.

우리나라는 공산주의나 자본주의 하기 위해서 태어난 나라가 아닙니다. 제 기억에 1983년 봄에 강원도 싸리농장에서 평화통일세미나가 있었습니다. 목사와 신부들이 KNCC 주관으로 모였습니다. 그런데 강원도 대관령 산골짜기에 경찰들이 200명 넘게 쫓아왔습니다. 서울이나 대전에서 모인다고 하면 원천 봉쇄했습니다. 이사야 선지자는 이렇게 호소합니다. "야곱아 이스라엘아 이 일을 기억하라. 너는 내 종이라. 이스라엘아. 너는 나의 잊음이 되지 아니하리라. 내가 네

허물을 빽빽한 구름의 사라짐 같이 네 죄를 안개의 사라짐 같이 도말하였으니 너는 내게로 돌아오라. 내가 너를 용서하였음이니라."(사 44:21~22) 이북에는 반동분자로 몰려 죽었고, 강제수용소에서 죄인으로 죽어 가고, 남한에서는 공산당으로 몰려 죽었고, 40년이 넘는 장기수가 죽어 가고 있습니다. 이남과 이북은 예수그리스도의 피로 용서받고 용서해야 합니다. 예수그리스도는 공산주의, 민주주의 때문에 사람을 죽이는 것을 원치 않습니다.

지금 우리나라는 일본 식민지법보다 더 무서운 법이 있습니다. 국가보안법이 같은 민족을 정죄하면서 살고 있습니다. 예수님은 산상수훈에서 "너희는 무엇을 먹을까 마실까 입을까 염려하지 말라. 먼저 그의 나라와 그의 의를 구하라."고 하셨습니다. 우리가 잘 먹고, 잘 입고, 좋은 집에서 사는 것에 마음 두지 맙시다. 사람답게 살고, 서로 사랑하면 살고, 진실하게 사는 민족이 되어야 합니다. 외적인 선진국보다 마음에 선진국이 되어야 합니다. 하나님의 나라는, 하나님이 통치하는 나라요, 평화의 나라요, 의로운 나라입니다. 잘 먹고, 잘 입고 사는 나라가 아닙니다. 서로 사랑하고 평화로게 의롭게 사는 나라입니다. 명암교회는 대사면을 선포해야 합니다. "예수 그리스도에게 오면 모든 죄 용서받는다." "너희 죄가 주홍 같을지라도 눈같이 희어질 것이요, 진홍같이 붉을지라도 양털같이 되리라."(사 1:18). 이러한 선포를 해야 합니다.

셋째, 희년은 하나님께로 돌아오라는 것입니다. 희년법에서 반복적으로 강조하는 말이 '타슈부' 즉 돌아오라는, 원상 회복하라는 뜻입니다. 49년이 지나고 50년이 되면 빈부격차, 부조리, 귀천, 계층, 억울함에서 다 회복하여 원상으로 돌아가라, 이제 해방되었다는 것입니다. 처음 이스라엘 민족에게 가나안 땅을 제비뽑아 고르게 나누어 주었습니다. 그때 물려받았던 상태로 돌아가서 네 소유를 찾아 서로 잘 살라는 것입니다. 희년에는 종들이 가족에게, 토지와 가옥 팔린 것이 전 소유주에게, 부채도 탕감됩니다.

지금 우리에게 시급한 것이 무엇입니까? 하나님께로 돌아오는 것입니다. 모든 것을 원상 회복시켜 줍니다. 우리가 가서는 안 될 방향으로 너무 달려갔습니다. 탕자처럼 아버지 떠나듯이 너무 멀리 떠났습니다. 돌아오라, 교만한 생각 버리고 돌아오라, 증오심과 억눌린 자는 버리고 돌아오라, 분열과 갈등이 하나로 돌아오라고 하나님은 말씀하십니다. "너희는 주를 만날 만한 때에 찾으라. 가까이 계실 때에 부르라. 악인은 그 길을, 불의한 자는 그 생각을 버리고 주께로 돌아오라."(사 55:6)고 말씀하십니다.

넷째, 희년은 양각나팔을 불 때 옵니다. 지금은 TV, 라디오, 신문의 소리를 듣고, 그 소리에 맞추어 사는 세상입니다. 그리스도인은 하나님의 말씀에 맞추어 사는 하늘나라의 사람입니다. 예수 그리스도의 나팔 소리를 듣고 귀를 기울이고 살아야 합니다. 예수 그리스도의 양각나팔 소리를 듣고 사는 사람은 심령에 희년이 찾아옵니다. 예수 그리스도는 희년을 선포하기 위해서 오셨습니다. 예수 그리스도의 사역이 희년의 사역입니다. 예수 그리스도에게 찾아오면 진정한 자유와 해방을 누릴 수 있습니다.

예수님은 세례 받으시고 고향 나사렛에 가셔서 안식일에 이 말씀을 하셨습니다. "가난한 자에게 복음을 전하게 하시려고 내게 기름을 부으시고 나를 보내사 포로된 자에게 자유를, 눈먼 자에게 다시 보게 함을 전파하며, 눌린 자를 자유케 하며, 주의 은혜의 해를 전파하게 하려 함이라."(눅 4:18~19) 주의 은혜의 해는 희년을 말합니다. 그러므로 예수 그리스도의 선교 사역은 이스라엘 백성의 희년의 선포와 일치시켰습니다. 결국 예수 그리스도의 선교 사역은 인간답게 살도록 하는 자유인의 선언이요 하나님께로 돌아가게 하는 복음적 사역인 것입니다.

우리 민족은 희년을 기다리고 있습니다. 예수 그리스도의 복음을 이 민족이 받아들일 때만 은혜의 해가 이루어질 것입니다. 예수님께서 "내가 문밖에 서서 두드리노니 누구든지 내 음성을 듣고 문을 열면 내가 그에게 들어가 그로 더불어 먹고 그는 나로 더불어 먹으리라."(계 3:20) 이 시간 마음을 열고 예수님을 맞아 우리 심령에 참 희년이 선포되기를 빕니다. 예수님으로 더불어 먹고 사는 그 날의 그 은혜가 그리스도인의 최대의 축복이 될 것입니다.

VI부
2000년대 시민운동과 사회복지사업

1장
2000년대 시민운동

2004년 3월 당시의 정국은 야당의 대통령 탄핵안 가결로 격랑 가운데 있었다. 그 탄핵안 가결에 항의하는 청주시민 규탄대회는 3월 12일부터 시작되었다. 첫날 400여 명으로 시작된 촛불집회는 토요일인 13일 최대 1,000여 명으로 불어나 지난 87년 6월 항쟁 이후 최대 규모의 거리집회를 기록했다. 당초 청주지역 28개 28개 시민사회단체가 시작한 철당간시민규탄대회는 3월 14일부터 '탄핵무효 부패정치 추방 충북도민행동 준비위' (충북도민행동) 주관으로 바뀌면서 장기 집회에 돌입했다.* 또한 3월 15일 천주교청주교구 정의평화위원회의 시국선언문 발표를 시작으로 지역 종교계, 교육계, 예술계의 시국선언이 잇따랐다. 그리고 3월 18일 충북도민행동은 발족식을 갖고, 3월 20일 집중결의대

---

* 〈충북인뉴스〉(2004. 3. 18)

회를 통해 대규모의 촛불집회를 주도했다. 김정웅 목사는 정진동 목사 등 지역 재야원로·시민사회단체 대표 10명과 함께 공동대표에 위촉되었다. 그때 충북도민행동에는 충북도내 48개 단체가 참여했고, 증평시민회, 옥천환경사랑모임, 괴산사랑모임 등 군(郡) 단위 지역단체도 눈에 띄었다. 이어서 김정웅 목사는 이듬해인 2005년 조직된 충북시민사회단체연대회의의 공동대표로 추대되었다.* 이 조직은 다음과 같이 구성되었다.

충북시민사회단체연대회의 조직구성

• 상임대표

곽동철(충북참여자치시민연대 대표) 신영희(청주YWCA 사무총장) 주서택(충북C.C.C 대표)

• 공동대표

강영일(청주YMCA 사무총장) 강상준(충북환경운동연합 대표) 김범추(충북불교호법위원회 회장) 김정웅(충북기독교교회협의회 대표) 도종환(충북민예총 회장) 박덕규(원불교충북교구 교무) 이재희(청주여성의전화 회장) 이종일(증평시민회 공동대표) 임대경(영동지방자치참여연대 회장) 임수덕(청주KYC 회장) 조수종(청주경실련 대표) 최상일(생태연구소 '터' 소장) 홍종선(옥천환경사랑모임 회장)

• 집행위원장

김학성(충북환경운동연합 집행위원장)

---

* 시민사회단체연대회의의 홈페이지 www.civilnet.net.

• 집행위원

김미경(청주YWCA 부장) 김명식(청주YMCA 부장) 박완희(생태연구소 '터' 사무국장) 박창재(청주환경운동연합 사무국장) 송재봉(충북참여자치연대 사무처장) 이두영(청주경실련 사무처장) 이현(충북기독교협의회 사무국장) 조혜경(청주여성의전화 사무국장) 추영우(증평시민회 사무국장) 염우(충북환경운동연합 사무처장) 박종관(충북민예총 사무처장) 조성오(충북불교호법위원회 사무국장) 엄승용(청주KYC 사무국장) 조철호(청주카톨릭농민회 총무)

김정웅 목사는 2006년 5월 9일 열린 사단법인 충북민주화운동계승사업회 창립총회에서 정진동 목사와 함께 지역 민족민주운동의 원로인사로서 고문에 추대되었다. 그리고 노영우 목사를 이사장에, 조순형·도종환·권영국 등을 부이사장에 선임했다. 이어서 6월 민주항쟁 20주년 기념의 해였던 2007년 4월 청주 철당간 광장에서는 6월 민주항쟁 20년 충북추진위원회(충북추진위) 결성식이 있었다. 이날 충북추진위는 상임대표로 김정웅 목사, 곽동철 신부, 김승환 교수, 노영우 목사, 도종환 시인, 신영희 사무총장, 이수근 씨 등을 선임하였다. 충북추진위는 선언문에서 "6월 항쟁은 우리 모두의 가슴 속에 존재하는 민주주의의 승리"였음을 자부하며, "진정한 민주주의 실현을 위해 뜨거운 열정을 다시 모을 것"과 "6월 항쟁이 완결되는 그날까지" 역사의 현장을 당당히 걸어갈 것을 결의하였다. 충북추진위는 6월 8일의 기념 표지석 제막식과 학술토론회, 음악회, 걷기대회, 추모제 등의 행사를 진행하였다.*

---

* 〈충청일보〉(2007. 4. 16)

3·1절 기념 온겨레손잡기운동 대회에서
대표 인사하고 있는 김정웅 목사(청주 상당공원)

김정웅 목사는 통일시대충북연대의 대표 자격으로 2007년 7월 16일 청주 예술의전당에서 개최된 국민경선협의회 충북본부(충북본부) 발기인회의에 참여하여 당시 열린우리당 충북도당위원장이었던 노영민 의원과 함께 상임대표에 선임되었다. * 충북본부는 2007년 대통령 선거를 앞두고 범여권 단일후보를 선출하기 위해 구성된 단체로서, 곽동철 신부·노영우 민주평화통일자문회의 부의장·남기창 전 청주대 교수·김형근 충북한반도포럼 집행위원장·김광수 열린우리당 충북도당 사무처장·최미애 충북도의원·박종성 청주시의원·남봉현 충북평화경제포럼 집행위원장·김용은 6·15남측위원회 충북본부 운영위원장 등 9명이 공동본부장을 맡았다. 충북본부는 창립선언문을 통해 "국민경선을 통한 민주평화개혁 국민후보 선출만이 냉전수구세력 집권을 막을 수 있다."며 "국민경선 추진운동은 민주평화개혁세력의 대통합을 이뤄내고 새로운 희망을 만들어 가는 과정이 될 것"이라고 밝혔다. 또 이들은 "충북본부는 성공적인 국민경선을 위해 충북도민들이 선거인단에 참여할 수 있도록 최선을 다할 방침"이라고 선언했다. **

김정웅 목사는 2008년 6월 10일 이른바 광우병 쇠고기 수입반대 촛불시위의 도도한 흐름 앞에서 이명박 정부의 국민여론 무시와 독선적인 국정운영을 우려하는 충북종교인 선언에 서명하였다. 광우병 쇠고기 정국이 평화롭게 마무리될 수 있기를 바라며 오랫동안 깊은 침묵의 기도를 드려 왔던 충북 종교인들은, 당시 출범한 지 100일 남짓 된 이명박 정부가 무한경쟁과 독식, 오만과 독선, 허위와 기만의 논리로 국민을

---

* 〈충북인뉴스〉(2007. 7. 16)
** 〈충북대신문〉(2007. 4. 7)

우롱하고 있다고 판단하고 쇠고기 재협상과 국정 쇄신, 대운하 건설계획 취소, 사회적 약자들을 끌어안는 정책을 시작해야 한다고 요구하였다. 다음은 그 선언에 서명한 서명자 명단이다.

이명박 정부의 국민여론 무시와 독선적인 국정운영을 우려하는 충북종교인 선언 서명자

■ **기독교(27명)**
• **성공회 신부:** 전재식 오동균 이현동
• **기장 목사:** 김창경 강진국 이건희 이창언 박노동 정차기 오용균 이종덕 이재구 고은영
• **예장 목사:** 김정웅 노영우 김기섭 최현성 백영기 성낙현 배영도 서충성 이상은 성귀영 문성주 김영윤 이병운 김태종

■ **불교(16명)**
각의(청주청원불교연합 회장, 화림사) 현진(청주청원불교연합회 사무총장, 관음사) 덕산(혜은사) 원행(광제사) 무진(화장사) 현인(안심사) 묘정(보문정사) 상락(지장사) 설곡(청주청원조계종주지협의 회장, 수도원) 각연(청주청원불교연합회 부회장, 용화사) 일봉(광덕사) 무아(법인정사) 선현(평화사) 현문(광명선원) 동찬(월명사) 덕일(풍주사)

■ **천주교(5명)**
곽동철(옥천성당) 김훈일(초중성당) 연용모(광혜원성당) 이수한(모충성당) 정용진(괴산성당)

그 밖에 김정웅 목사는 2000년대에도 온겨레손잡기운동충북본부 상임본부장(2000. 2~2001. 3), 제2건국범국민추진위원회 위원·중앙위원

(2001. 4~2003. 5), 금강유역환경청 종교단체 환경정책실천협의회 위원 및 위원장(2002. 12~2009. 현재), 민주평통 청주시 위원(2005. 5~2009. 현재), 바른선거실천시민협의회 공동대표, 문장대용화온천저지도민대책위원회 공동위원장, 충북·청주 경실련 지도위원(2009. 1~2010. 1)으로 폭넓고 활발하게 지역사회에서 활동하였다.

2장
2000년대 사회복지사업

1. 세진회

　김정웅 목사의 대외적인 사회사업 가운데 주목된 것 중의 하나가 바로 세진회 활동이다. '세진(世進)' 이란 갇힌 형제들이 복음으로 변화되어 새롭게 세상을 향해 나간다는 의미로, 세진회는 교정시설에 갇혀 있는 재소자들이 말씀 안에서 새롭게 태어나도록 예배와 섬김과 교화 프로그램 등을 제공하는 법무부 인가 사단법인 선교단체로 지난 1968년 7월 특수선교위원회로 발족하여 서울, 부산, 전주, 춘천, 대전에 이어 지난 1999년 청주지회가 설립되었다. 청주에는 청주교도소, 청주여자교도소, 소년원 등 3개의 교정기관이 있었지만 당시 교도소 및 재소자 문제에 관심과 애정을 가지고 활동하는 종교기관이 없는 상태였다.

　김 목사는 1998년 12월 22일 성탄절 선물과 교양도서 기증을 위하여 청주교도소를 방문했다가 당시 강봉근 소장의 요청을 받고 청주에 교정선교 전문기관의 필요성을 절감하였다. 그리하여 1999년 1월 11일 세진회 설립을 위한 지역 교계 조찬기도회를 열어 세진회 청주지회 창립에 합의하였다. 그 기도회에는 각 교단의 대표적 지도자들이 참석하였다. 그 후 세진회 본부 방문, 대전지회 관계자 설명회(명암교회당), 창립추진위원회 발족(로얄관광호텔) 등의 절차를 거쳐 1999년 3월 19일 명암교회당에서 세진회 청주지회가 창립되었다. 이 자리에서 김정웅 목사는 세진회 청주지회 회장으로 선출되었다. 그리고 부회장은 김경석(수곡침례교회) 김상용(청주중앙순복음교회) 박대훈(서문성결교회) 임복만(흰돌감리교회) 목사, 총무에는 문세춘(가경제일교회) 목사, 서기에는 김은수(목양순복음교회) 목사, 회계에는 원종우(우암교회) 목사가 선임되었다. 창립예배는 사회에 김경석 목사, 기도에 김삼용 목사, 말씀에 권문집 목사(청주순복음교회), 경과보고에 박대훈 목사, 격려사는 양인평 장로(세진회 본부 이사장)가 각각 담당하였다. 청주세진회의 주요 사업은 교도소와 소년원 집회 인도, 무의탁 재소자 영치금 지원, 교정기관 행사 지원 등 교정·교화사업, 성경 및 찬송가 배포, 사랑의 편지 나누기, 소식지 및 문서 발간 등 문서선교 등이었다.

김정웅 목사는 먼저 청주세진회의 첫 사업으로 교도소 도서 교체 운동을 시작하였다. 그러자 충북도지사와 청주시장, 교회들, 개인들이 다양한 종류의 책과 도서상품권을 보내 주어서 교도소 안에 있던 종전의 헌책들을 새 책과 교환하는 사업을 성공리에 마칠 수 있었다. 청주세진회의 두 번째 사업은 '세진쉼터' 운영이었다. '세진쉼터'는 재소자들을 자주 면회하고 싶어도 경제적 부담 때문에 주저하는 그 가족들을 위해 무료로 숙식을 제공하는 장소였다. 1999년 5월 25일 현판식을 갖고 운영에 들어간 '세진쉼터'는 청주시 흥덕구 사직동 국보로 63호에 위치한 연면적 40평의 2층집으로, 1층에 방 4개가 있고, 2층은 예배실로 꾸며졌다. 전세비용 3,500만 원은 세진회 청주지회 이사 33명이 십시일반으로 마련했다. 이에 따라 청주교도소·청주여자교도소·청주소년원에 수용된 2,500여 명 중 외지 출신 재소자 가족들이 부담 없이 머무르며 재소자 면회를 할 수 있게 되었다. 이곳에는 세진회 청주지회의 유수남 간사가 상근하며 교도소 안팎의 교정교화 프로그램 등 상담을 맡아 보고 여성자원봉사자들이 멀리서 온 재소자 가족들의 숙식을 도왔다.

김 목사는 '가족 만남의 집' 건축을 위해서도 일했다. 그는 2001년 8월부터 그동안 여러 가지 사정으로 중단되었던 '가족 만남의 집' 건축위원장 책임을 맡아 6천만 원의 공사비로 건평 25평 방 3칸에 부엌과 욕실 그리고 옷장, TV, 냉장고, 쇼파, 식사도구 일체를 마련하였다. '가족 만남의 집'은 형기를 절반 이상 지낸 모범수에게 주어지는 부부 만남의 집으로서, 2001년 11월 23일 첫 이용자가 나왔다. 김 목사는 2009년 현재도 청주세진회 운영이사로 후원을 계속하고 있다.

기독교 세진회 청주지회 창립예배 순서

사회: 김경석 목사
(수석부회장/수곡침례교회 목사)

묵도 ·· 다같이

찬송 ············· 259장(빛의 사자들이여) ············· 다같이

기도 ·· 김상용 목사

(부회장/청주중앙순복음교회 목사)

성경봉독 ·············· 눅 10:30~37 ·············· 김은수 목사
(서기/목양순복음교회 목사)

찬양 ··· 명암교회성가대

말씀 ·············· 강도만난 자의 이웃 ·············· 권문집 목사
(고문/청주순복음교회 목사)

헌금 · 기도 ··· 원종우 목사
(회계/우암교회 목사)

경과보고 및 인사 ································· 박대훈 목사
(부회장/서문성결교회 목사)

취임사 ·· 김정웅 목사
(회장/명암교회 목사)

축가 ·· 김성진 서원대 교수
예장충북노회 여전도회 성가대

격려사 ································· 세진회본부이사장 양인평장로

축사 ················· 이원종 충북지사, 강신웅 대전지방교정청장

광고 ·· 문세춘 목사
(총무/가경제일교회 목사)

찬송 ·············· 371장(삼천리반도 금수강산) ·············· 다같이

축도 ·· 엄기현 목사
(고문/우암교회 원로목사)

세진회 소개 ································· 이인철 목사
(세진회 본부 총무)

- 하나님의 크신 사랑과 오묘하신 섭리와 크신 능력으로 충북지역 복음화의 사명을 감당해 온 많은 교회와 성도들은, 교정과 교화사업을 함께 하며 복음으로 위로하고 격려하면서 그리스도의 사랑으로 사역해 왔습니다. 세진회와 함께 전국을 하나로 하는 교정·교화사업의 협력과 발전을 이루어 더 큰 사명을 감당하고자 기독교 세진회 청주지회를 창립하기로 하였습니다.
- 1998년 12월 22일 화요일 성탄절 선물과 교양도서 기증을 위하여 청주교도소를 방문한 자리에서 기독교 세진회 청주지회 창립에 대한 의견교환이 있었습니다.
- 김정웅 목사를 비롯한 방문단은 기독교 세진회의 선교활동에 공감대를 형성하고, 1999년 1월 11일 월요일 지역 교계의 논의를 위한 조찬기도회를 열었습니다. 조찬 기도회에는 각 교단의 대표적 지도자들이 참석하였고 세진회 청주지회 창립에 합의하였습니다.
- 1월 14일 목요일 세진회 본부를 방문하여 간담회를 갖고 창립의 절차를 논의하였습니다.
- 2월 5일 금요일 명암교회에서 대전지회의 관계자와 함께 세진회에 대한 설명회가 있었습니다.
- 2월 9일 화요일 세진회 본부의 양인평 이사장과 간담회를 갖고 창립을 위한 준비 과제를 구체화하였습니다.
- 2월 26일 금요일 세진회 청주지회 창립 추진위원회가 로얄관광호텔 회의실에서 발족하였습니다.
- 3월 3일 수요일 추진위 조찬기도회에서 창립 총회와 기념예배의 세부과제와 일정을 확정하였습니다.
- 3월 10일 수요일 문세준 목사와 실무진은 창립과 기념예배에 대한 최종 점검을 마무리하고 3월 16일 화요일 김정웅 추진위원장 등과 함께 창립 총회와 기념예배 준비를 마쳤습니다.

기독교 세진회 청주지회 임원

고문: 김준규(청주중앙교회 목사) 권문집(청주순복음교회 목사) 민병억(복대교회 목사) 박은규(서부교회 목사) 손덕용(서원교회 목사) 서정래(방서교회 목사) 이석희(청주제일교회 목사) 이쾌재(제일교회 목사) 엄기현(우암교회 원로목사) 최병곤(동산교회 목사)

회장: 김정웅(청주명암교회 목사)

부회장: 김경석(수곡침례교회 목사) 김상용(청주중앙순복음교회 목사) 박대훈(서문성결교회 목사) 임복만(흰돌감리교회 목사)

총무: 문세춘(가경제일교회 목사)

서기: 김은수(목양순복음교회 목사)

회계: 원종우(우암교회 목사)

협동총무: 노영우(청주남교회 목사) 김석기(갱신보호공단 청주지부장) 이도형(덕촌교회 목사)

감사: 이훈경(청주침례교회 목사) 엄만동(성광교회 목사)

이사: 강진국(남부교회 목사) 김갑태(충북교회 목사) 김경석(수곡침례교회 목사) 김상용(중앙순복음교회) 김은수(목양순복음교회 목사) 김영태(청북교회 목사) 김원영(서남교회 목사) 김정웅(명암교회 목사) 나윤관(미평성결교회 목사) 노영우(청주남교회 목사) 문세춘(가경제일교회 목사) 박대훈(서문성결교회 목사) 박성완(수곡성결교회 목사) 박완영(늘사랑의교회 목사) 박종윤(서광교회 목사) 송석홍(중부명성교회 목사) 이도형(덕촌교회 목사) 이충진(신촌교회 목사) 이훈경(청주침례교회 목사) 임복만

(흰돌감리교회 목사) 엄만동(성광그리스도의교회 목사) 원종우(우암교회 목사) 유병천(중앙침례교회 목사) 유정선(백양순복음교회 목사) 조중수(성동교회 목사) 한영제(좋은감리교회 목사) 정삼수(상당교회 목사) 최승(대청교회 목사) 이철희(제일성구사 대표) 오정교(주/창대건설 대표) 유재풍(변호사) 이쾌재(청주제일교회 목사) 최병곤(동산교회 목사)

자문위원: 강신웅(대전지방교정청청장) 주규태(청주교도소장) 이종대(청주여자교도소장) 이태호(청주소년원장)

기독교 세진회 회장 취임사

오늘 기독교 세진회 청주지회 창립을 축하해 주시기 위해 바쁜 중에도 참석해 주신 모든 분들에게 먼저 감사의 말씀을 올립니다.

기독교 세진회가 갇힌 자들을 향한 복음을 전하고 교정·교화사업을 시작한 지 올해로 벌써 31년이라는 시간이 흘렀습니다. 31년의 힘들고 어려운 교정사업을 주님의 사랑 안에 실천해 온 노력들이 청주지회 창립의 은총으로 이어졌으며, 이제 커다란 은혜와 축복 속에 복음의 사명을 짊어지고자 합니다.

세상은 이제 물질만능주의와 도덕성의 실추로 범죄와 재소자가 날로 늘어나고 있습니다. 이러한 사회현실 속에서 세진회 청주지회 창립은 하나님의 준비된 축복이며 음지를 향한 믿는 자들의 사명인 것입니다.

교정·교화사업은 재소자와 출소자들로 하여금 새로운 사회에 적응하고 안착할 수 있도록, 그들로 하여금 스스로 변화하여 민주시민으로 재사회화하는 것이 목적이라 할 것입니다. 이와 같은 목적을 달성하기 위해서는 명성과 영예를 뒤로한 채, 복음의 사명을 가지고, 음지에서의 헌신적인 봉사정신·자기희생으로 살아가는 사역자를 필요로 합니다.

더불어 살아가고자 하는 공동체 의식이 점점 사라져 가고 있는 현실 속에서 교정기관의 공무원들의 노력만으로는 재소자 교정교화의 목적을 달성케 하는 것입니다.

오늘 출발하는 기독교 세진회 청주지회는 충실한 가교자로서 그 역할을 담당하겠습니다.

그리고 범죄로 어두운 곳에서 머무르고 있는 재소자들은 바로 우리의 이웃이며, 형제입니다. 그들을 그곳으로 보낸 것은 우리가 살고 있는 이 세상이며, 바로 우리 자신일 수도 있다는 생각도 해봅니다.

하나님이 명하신 어둡고 약한 자들을 향한 구원사역과 사랑의 실천을 하지 못했던 부끄러운 우리의 모습을 돌아보며 재소자들을 향한 끝없는 사랑과 관심으로 그들로 하여금 주님 안에서 복음을 증거할 수 있도록 기독교 세진회 청주지회는 영혼의 구원을 위해 열심히 노력하겠습니다.

이 자리에 참석하신 청주지회 창립위원회 여러분!

창립을 축하하기 위해 자리해 준 모든 귀빈 여러분!

세진회 청주지회는 작은 하나님의 실천과 사랑으로 교정선교의 위대한 역사가 이루어지리라 확신합니다.

바쁘신 중에도 참석해 주신 기관장 여러분과 특히 교정관계 기관 여러분, 많은 참석자 여러분께 다시 한번 감사드리며 많은 애정과 지도편달을 바랍니다.

감사합니다.

1999. 3. 19.

세진회청주지회 회장 김정웅 목사

기독교 세진회 청주지회 사업계획

1. 당면과제

1) 사무실 개소 준비와 상담 전화 개설 및 스티커를 통한 홍보

2) 실무역량 확충과 자원봉사자 모집

3) 상담 전화 지원을 위한 전문가 그룹 구성

4) 세진회와 활동에 대한 홍보 활동

2. 선교와 교정 교화 사업

1) 재소자 영치금 지원, 무의탁 재소자 등에 대한 영치금 지원: 청주
교도소, 청주여자교도소, 청주소년원 등

2) 교도소 집회 및 선교활동 지원 모색

3) 성경과 찬송을 비롯하여 각종 복음서, 정기간행물 보내기

4) 각 교정기관 내 재소자들과 편지 교환

5) 재소자 제자훈련반 운영

6) 정신교육 강사로 참여

7) 출소자 상담 및 지원

3. 재소자 가족 돕기

1) 사랑의 선물 나누기: 재소자들의 불우한 가족들에게 필요한 물품
지원

2) 장학금 지원: 재소자 자녀들에게 장학금과 생활비 지원

3) 재소자 가정 생활비 지원

4. 출판과 홍보

1) 회보발간(계간지)

2) 본부 관련 홍보물 배포와 발송

3) 각 교단별 교회 순회 예배

4) 기독화가 초대전으로 세진회 홍보와 기금 마련

5. 교정기관 지원

        1) 교정 관계자 초청 영성 세미나 개최
        2) 교정·교화 봉사자를 위한 연수 프로그램과 공동 행사 개최
        3) 교정기관 체육대회 및 행사 물품 지원
        4) 기독교 신우회 예배 인도 및 후원

2. 소망의 집

김정웅 목사는 2002년 공주원로원을 방문한 적이 있었다. 그런데 그곳에서 어른들이 노후에 사시는 모습을 보고 충북에도 실버타운을 만들어야겠다고 마음먹었다. 그는 실버타운을 조성하기 위해 최선을 다했으나 여의치 않았다. 명암교회 제직회가 제4명암교회 개척을 위해 그동안 모아 두었던 헌금 1억 원을 실버타운 조성을 위해 내놓았으나 그것만으로는 힘이 달렸다. 이때 김 목사는 대한예수교장로회 충북노회·충청노회 유지재단에 선교사들이 매입했던 땅 5천여 평이 있음을 알게 되었다. 그 땅은 과수원과 밭이었지만 경작도 잘 안 되었던데다가, 청주시 지적대장을 보니 4가지로 묶여 있는 상태였다.

김 목사는 당시 나기정 청주시장을 만나 그곳에 대한 여러 가지 제한을 해제해 줄 것을 요청했다. 청주시는 각계 인사로 구성된 위원회의 진지한 심의를 거쳐 1년 만에 그 요청을 들어주었다. 그리고 2004년 새로운 한대수 시장과 이원종 충북 지사에 의해 청주시 상당구 주중동 산 11-1번지에 소망복지재단의 허가가 났다. 원래의 허가 조건은 건축비 부족액을 그곳의 일부 부지를 매각해서 충당하는 것이었으나, 명암교

회가 이미 헌금한 1억원이 씨앗이 되어 충북노회 유지재단이 보유하고 있던 2억8천만 원에 명암교회가 5천만 원을 더 내놓기로 하고, 상당교회에서 1억 원, 청북교회에서 1억 원, 복대교회 5천만 원, 강서교회 5천만 원, 대청교회 3천만 원, 충북교회 3천만 원, 동산교회 3천만 원, 청주남교회 6백만 원 그리고 또 다른 교회들의 지원을 받아 소망의 집 222평(725.84㎡)을 완공할 수 있었다.

소망의 집은 청주시청에서 추천한 30여 명의 노인들을 수용하면서 정식 개원하였다. 2006년에는 국비, 도비, 시비 9억 원의 지원을 받아 증축한 결과 2009년 현재 60여 분의 노인들이 입주해서 생활하고 있다. 이 복지법인을 만드는 데는 성낙현 목사와 노영우 목사가 많은 도움을 주었으며 민병억 목사는 대표이사로 수고하였다.* 김정웅 목사는 소망의 집을 조성하면서 포기하고 싶을 때가 몇 번 있었을 만큼 어려운 일이었다고 토로한다. 그러나 하나님의 은혜로 선교사들이 남긴 땅위에 현재와 미래의 후손들에게 의미 있는 일이 되었음에 또한 감사할 뿐이라고 말한다.

3. 한아봉사회

김정웅 목사는 1992년부터 2009년 현재까지 한아봉사회에서 활동하면서 제9대 회장을 지냈다. 한아봉사회는 베트남, 캄보디아, 라오스, 미얀마, 중국을 향한 봉사단체로 외교통상부에 사단법인으로 등록되어

---

* 노영우 목사는 현재 소망복지재단 청주소망의집 원장으로 충북참여자치시민연대 공동대표와 12~13기 민주평화통일자문회의 부의장을 역임한 바 있다.

한아선교회 캄보디아 선교지 방문(1990년)
오른쪽 맨 앞에 앉은이가 김정웅 목사

있으며, 현재 140개 교회 회원과 40명의 개인 회원을 두고 있다. 한아봉사회는 이사장과 12인의 이사로 구성된 이사회와 회원 총회가 있으며 분과위원회와 전문위원회를 자문으로 두고 있다. 김 목사는 한아봉사회의 라오스 분과위원으로 섬기고 있다. 같은 라오스 분과위원회에는 김 목사 외에 박위근 목사, 서충성 목사, 이용희 목사, 권영복 목사, 장남표 목사, 김기 목사, 류철랑 목사, 김운성 목사, 황칠수 목사, 홍재구 목사, 강병만 목사, 이희수 목사, 이용우 목사, 손신철 목사, 정도출 목사, 정해동 목사 등이 참여하고 있다. 명암교회는 정기적으로 의류와 문구류를 수집하여 라오스에 보내고 있다.

마지막으로 김정웅 목사의 30년 지기 노영우 목사의 글을 소개한다.

30년 지기가 본 김정웅 목사님

1. 인연

저에게 있어서 김 목사님은 대전신학교 2년 선배요, 장로회신학대학 70기 동기생이며, 인생선배요, 인간적으로 형님이며, 목회활동으로는 저의 목회의 안내자요 사회활동으로는 동지입니다. 30년 가까이 함께 살면서 제가 보고 경험한 바로는 김 목사님은 성실한 목회자요 정의의 사도요 투사며 미래를 준비하는 예언자적 개척자입니다.

뭘 그리 거창하게 시작하느냐 하겠지만, 사실이 그렇습니다. 김 목사님은 그렇게 살았습니다. 객관성이 있느냐? 검증할 수 있느냐? 그것은 김 목사님의 이력서를 꼼꼼히 살펴보면 알게 될 것입니다. 수많은 조직의 직함들과 조직의 활동들이 증빙자료입니다.

사람이 보는 눈이 다르면 같은 것도 다르게 보이고, 보는 마음이 다르면 같은 것도 달리 느껴지듯이 같은 사건을 놓고도 보는 시각이나 관점에 따라서 이런 말도 하고 저런 말도 합니다. 가령 어떤 사람이 가치관이 뚜렷하고 신념이 투철하면 줏대 있고 뚝심 있다고 말하는가 하면, 같은 사람을 놓고 고집불통이라고 말하는 이들도 있습니다. 둘 다 틀린 말이 아닙니다. 사람이 친절하면 가볍다 하고 과묵하면 거만하다고 합니다. 그도 틀린 말이 아닙니다. 그러므로 제가 본 김 목사님에 대한 글에 대해서 그대로 봐 주셨으면 합니다.

제가 목사고시에 합격하고 안수를 받을 때는 단독목회 2년 또는 개척교회 1년이라는 규칙(시행령)이 있었습니다. 그래서 부득이 대전 삼성교회 전도사를 사임하고 단독목회를 할 수 있는 교회를 찾을 수밖에 없었습니다. 당시 서울에 있는 판교교회와 충북 영동읍교회, 그리고 대전에서 금산 가기 직전에 있는 군북교회가 목회자를 찾고 있었습니다. 삼성교회에서 함께 사역하던 박영철 목사님(서울 도원동교회 원로목사)은 판교교회로 가라 하였고 김영태 목사님(증경총회장 현재 청북교회 시무)은 영동읍교회로 가라하는데, 당진교회 당회장으로 있는 김 목사님은 본인이 2년 전에 시무하던 군북교회로 가라고 적극적으로 안내해 주었습니다. 군북교회에 부임하고 보니 김 목사님이 얼마나 열심히 사역을 하였는지 교우들이 앉으면 김 목사님을 그리워하였습니다.

그래서 부임 3개월 만에 전화를 해서 "형님! 나 목회 좀 하게 한 번 와서 정을 끊어 달라."고 부탁하였고 목사님은 그렇게 해 주었습니다. 그때부터 김 목사님과 엮여져서 지금까지 오게 되었습니다. 그 후에도 청주남교회에 부임할 때, 교회를 사임할 때, 현재 소망복지재단 청주 소망의 집을 만들고 원장 취임에 이르기까지 김 목사님의 적극적인 배려가 있었습니다.

1990년대 저는 매우 힘든 고비를 맞았습니다. 3남매 자식들이 동시에 대학을 다녀야 되는데 교회가 고등학교까지는 장학금을 주다가 정작 목돈이 들어가는 대학생이 되니까 장학금이 없었습니다. 대학생 둘을 가르치는 것도 빚으로 버거운 생활인데 셋은 감당할 수가 없었습니다. 눈앞이 깜깜해서 아들을 불러 놓고 "누가 먼저 군대 갈래, 애비가 못나서 너희 셋을 동시에 가르칠 수가 없겠다." 그렇게 재정 압박을 받고 사는데 한번은 구정이 지나면서 김 목사님이 찾아와서는 애들 등록금에 보태 쓰라며 두툼한 봉투를 주고 가는 것이었습니다. 그리고 지금까지 오른손이 한 것을 왼손이 모르게 한 번도 입 밖에 낸 적이 없었습니다.

2. 민주화 운동

제가 1986년 12월 16일 청주남교회에 부임하고 2개월도 안 되었는데 1987년 2월에 박종철 고문치사 사건이 났습니다. 이미 뜻있는 목회자들이 1985년 8월에 서대문사거리 기독교장로회 선교교육원에서 목회자정의평화실천협의회(목정평) 제1차 총회를 하면서 김 목사님을 포함하여 40여 명의 목사들이 교회 갱신과 하나님 나라의 정의와 평화를 실천하자는 결연한 의지로 머리를 삭발하였습니다.

5·18 광주 민주시민 학살자 처벌, 구속자 석방, 군부독재 종식, 악법 철폐, 민주 회복, 인권 수호를 주장하며 단식들을 하였습니다. 그리고 흩어져서 지역 조직에 들어갔습니다. 그리고 재야 인사와 청년대학생들을 중심으로 전두환 정권 퇴진 운동이 가열되고 있었습니다. 그런 상황에 박종철 고문치사 사건이 터지고 폭로되면서 전국은 연일 시위대들로 들끓는 전쟁터가 되었습니다.

충북 청주에서도 충북목회자협의회(회장 김정웅), 인권선교위원회(위원장 김정웅), 민주쟁취국민운동 충북본부(대표 김정웅 노영우 허종현) 충북기독교교회협의회(회장 김정웅) 같은 조직들이 있었고, 기독청년회(EYC) 장로교청년연합회(장청), 전국대학생협의회(전대협)의 청년대학생들이 성직자를 중심으로 연합하여 전국조직과 연대하고 있었습니다. 이미 준비된 조직들이 집회와 시위를 하고 있었는데 박종철 고문치사 사건이 났습니다.

모든 사건에는 피해자가 있고 원인 제공을 한 가해자가 있습니다. 그러므로 피해자 입장에서 진실이 무엇이냐? 진상규명을 요구하고 다음 순서로 명예 회복, 피해자 보상, 책임자 처벌, 마지막으로 재발 방지를 위한 제도적인 장치, 이것은 운동의 공식이었습니다.

1979년 12월 12일 신군부 반란이 있었고, 1980년 5월 18일 광주학살로 정권을 찬탈한 전두환 패거리들을 용납할 수가 없었습니다. 그들이 권좌에 있는 한 집회와 시위는 멈출 수가 없었습니다.

1987년 3월부터는 한 주가 멀다 하고 집회요, 허가 없는 집회라 모였다 하면 원천 봉쇄요, 강제 연행, 강제 해산이었습니다. 요사찰 인물들에 대해서는 동향 파악, 전화 도청, 설교 녹음, 심지어 프락치 정보원까지 붙여서 감시를 하였습니다. 무섭고 엄혹했던 그 시절에 모든 성직자, 모든 교회, 모든 기독청년, 모든 청년학생들이 동참한 것은 아니었습니다.

지나온 수천 년의 역사가 그렇듯이 그때도 인구 대비 비율로 비교하면 10% 남짓 했을 것입니다. 그 시대, 교회를 목회하면서 민주화, 인권, 통일운동이 결코 쉬운 일이 아니었습니다. 정보원들이 교우들의 직장으로 압력적인 전화를 하고, 교우들의 사업장을 드나들며 은근히 겁주고, 교우들로 하여금 목회자의 발목을 잡고 사회활동을 방해하고 어렵게 하였습니다. 서울에서는 백골단들이 교회당에 난입하여 쑥대밭을 만들기도 했습니다. 어떤 목사님은 교회당에서 쫓겨나기도 했습니다. 그런 시대 상황에도 불구하고 김 목사님은 명암교회당을 집회 장소로 개방하고 모든 운동조직의 대표를 맡고 사령탑으로 중심에 우뚝 서 있었습니다.

1987년 6·10대회를 빼놓을 수가 없습니다. 지도부가 모여서 성공적인 대회를 위해서 주도면밀한 전술전략을 세웠습니다. 장소는 성안길 국민은행사거리. 동원은 2000~3000명. 행사는 1부 대회, 2부 시위. 대충 그렇습니다. 그리고 지도부는 가까운 곳에 대기하고 있다가 행사장에 대원들이 도로까지 운집하면 등단하기로 전략을 세웠습니다. 거기까지는 순조롭게 진행되었습니다. 그런데 지도부가 등단하자 동시에 닭장차가 좁은 길을 밀고 들어왔고 운집했던 청년대학생들은 길을 열어 주었습니다. 그 상황에서는 대원들이 길을 막고 주저앉아야, 그래 줘야 경찰과 씨름하는 동안에 행사 1부 대회를 마치고 2부 시위에 들어가는데 경험 없고 훈련되지 않은 대원들이 너무 쉽게 길을 열어 주었습니다.

순식간에 지도부 7~8명이 강제로 닭장차에 실려서 서부경찰서로 연행되었습니다. 그 와중에 우리의 고민은 지도부가 한 사람도 없는데 행사가 제대로 되겠는가? 지금 행사는 어떻게 되고 있을까? 그런 걱정을 하다가 탈출을 계획하였습니다.

서부경찰서는 지하 포함 장방형 5층 건물이며 현관 앞 주차장은 협소하여 택시가 들어오면 바로 돌아가야 하는 불편한 곳입니다. 이것을 이용하기로 하였습니다. 택시가 돌아나가는 시간을 계산해서 제가 고래고래 고함을 쳐서 혼쭐을 뺄 때 김 목사님은 탈출한다, 그런 계획이었습니다. 건물이 장방형이기 때문에 조금만 소리쳐도 일을 못 할 만큼 왕왕 울리는 곳입니다.

그날 탈출은 성공하였고 시위대는 3000명 이상 대단했습니다. 김 목사님이 탈출하여 시위대 앞에 서니 우레와 같은 박수와 함성이 터지고 사기가 충전하고, 선봉에 선 김 목사님이 "뜻 없이 무릎 꿇는 그 복종 아니요 운명에 맡겨 사는 그 생활 아니라" 전 대원들과 함께 찬송을 군가처럼 불렀다는 얘기를 다른 사람을 통해서 들었습니다. '임을 위한 행진곡', '산자여 따르라', '아침이슬'과 함께 '뜻 없이 무릎 꿇는' 515장 찬송도 운동권에서 많이 부르던 노래였습니다. 김 목사님은 민주화운동의 선봉장이요 불의와 불법을 보고 참지 못하는 투사요 앞서가는 지도자였습니다.

3. 사회선교활동

교회는 구원받은 공동체요, 하나님 나라 건설의 전초 기지입니다. 하나님 나라는 모든 사람이 행복하고 건강한 삶을 누릴 수 있는 질서입니다. 인간의 존엄성, 자기의사 결정권, 평등과 기회 균등, 행복 추구, 살기 좋은 환경을 위해서 교회는 처음부터 가난하고 병들고 헐벗고 갇히고 쫓기고 강도만나서 벼랑 끝에 내 몰리는 이들을 이웃으로 규정하고 그들을 찾아가 섬기고 봉사하며 헌신하였습니다.

이웃사랑의 정신입니다. 요즈음은 기독교 사회복지라는 말을 사용하고 있습니다. 복음을 기독교의 본질이라고 하면 기독교 사회복지는 본질의 표현이요, 복음전도에 가장 확실한 방법이며 하나님의 나라 건설에 피할 수 없는 행동입니다. 미국의 기독교윤리 신학자 라인홀드 니버는 교회는 사회복지를 낳고 길러 준 어머니라고 하였습니다.

김 목사님은 교회 개척, 선교 봉사, 사회복지에도 깊숙이 관여하고 실제 청주시기독교협의회, 충북종교인협의회, 교도소 선교에 기독교세진회, 베트남을 중심으로 5개국을 섬기는 한국아시아봉사회, 기독교인권선교회 등등에서 회장과 이사장으로 활동하였습니다.

특별히 충북지역사회선교협의회를 맡으면서 은퇴 목사와 각 교회 무의탁 어른들의 노후 대책을 고민하다가 충북원로원을 조직하고 김 목사님이 명암교회의 개척교회 기금 1억 원을 원로원 복지시설 기금으로 선뜻 헌금하므로 그것이 종자돈이 되어서 오늘에 청주 소망의 집을 세우게 된 것입니다. 물론 협력한 교회와 많은 동역자들이 있었습니다.

김 목사님은 목회는 물론 선교, 복지, 사회, 지역 현안 문제에 이르기까지 열정적으로 앞서 가는 선견자요 행동하는 목회자입니다. 김 목사님의 왕성한 활동은 지역사회뿐만 아니라 관에서도 존경받는 지도자입니다. 평생을 하나님 나라의 성격과 질서에 열정을 가지고 헌신한 목회자요, 사도며, 예언자로 곧게 살아오셨습니다. 마지막으로 부족한 사람이 훌륭한 목사님의 전기에 누를 끼친 것은 아닌지 조심스럽게 생각하며 마치겠습니다.

김정웅 목사는 1941년 전남 광양군 광양읍에서 부친 김영윤과 모친 김판엽의 3남 1녀 중 막내로 태어났다. 농사를 지으며 인근 광산에서 일했던 부친은 김 목사가 3살 때 폐렴으로 세상을 떠났다. 그래서 김 목사는 홀어머니의 슬하에서 자랐다. 고향과 인근 순천에서 초·중등교육을 이수한 그는 23살 때인 1964년 8월 군에 입대하여 맹호부대원으로 월남에서 군복무를 마쳤다. 김정웅 목사는 둘째 형의 인도로 중학교 때 광양읍 익신리에 소재한 광양남부교회에서 신앙생활을 시작하였다.

군에서 제대한 김 목사는 바로 대전에서 직장생활을 하다가 장숙녀 사모와 결혼했다. 이때가 1969년이었다. 김 목사 부부의 신접살림은 장 사모의 직장이 있던 금산에서 시작되었다. 그런데 이 새로운 부부의 걸음에 고난이 놓여 있었다. 하나님의 손길이 그들의 삶에 적극적으로 개입하기 시작한 것이다. 척추신경마비로 죽음의 공포가 그를 압박했다. 덩달아 사모에게도 질병이 엄습했다. 김 목사는 대전 보문산에 올라가 결사적으로 하나님께 매달렸다. 그리고 극적으로 회복되었다. 이제 그의 앞길에는 목회자의 길이 놓여 있었다.

김 목사는 1970년 9월 대전신학교에 입학하여 1972년 12월 제17회로 졸업하였다. 김 목사의 목회는 대전신학교 입학 후 두 달 뒤인 1970년 11월 충북 청원군 오창면 각리교회 전도사로 부임하면서 시작되었다. 그 후 충남 금산군의 수당교회와 군북교회에서도 전도사로 사역하였다. 신학교 졸업 후 단국대 사학과에 편입하여 학업을 계속하면서 김 목사는 새로운 사역지 당진교회에 부임하였다. 그리고 장신대 목회학과를 거쳐 당진교회가 속한 충남노회에서 1977년 가을 목사안수를 받았다. 신혼 초의 거듭되는 병고에 시달리던 그는 주님의 놀라운 임재를 경험하며 목회를 결심하였고 또 그것을 초지일관 준비하여 드디어 주께서 쓰시는 사람이 되었던 것이다.

1980년 봄 김정웅 목사는 청주 명암교회의 청빙을 받아들여 그 교회에 부임했다. 10년의 수련 과정을 거쳐 이제 본격적인 사역이 시작된 것이다. 그 후 은퇴를 앞둔 2009년 현재까지 30여 년 동안 김 목사의 목회 생애 대부분은 명암교회에서 이루어졌다. 또 청주는 그에게 제2의 고향이 되었다. 남녀노소 합해 20명으로 1979년 시작되었던 명암교회는 김 목사 부임 1년 6개월 만에 100명 이상의 교회로 성장할 수 있었다. 김 목사는 교인들의 소망이 무엇인지를 정확히 파악하고 신속한 의사 결정 과정을 통해 하나하나씩 목표를 이루어 갔다. 부임 5개월 만에 이루어진 예배당 입당은 향후 김 목사의 목회를 상징하는 것이다. 교회가 어느 정도 자리를 잡기 시작한 1985년부터 김 목사의 교계 활동도 점차 그 반경이 확장되었다. 먼저 김 목사는 그해 장로회신학대학원 교역학과(敎役學科)에 입학하여 3년간 공부했다. 거기서 김 목사는 1980년대 이후 급변하고 있던 목회 환경과 신학의 동향을 점검하고 그것을 자신의 목회에 적용할 수 있었다. 또한 1985년 4월에는 충북노회 유지재단 이사로, 9월에는 총회연금재단 창립이사로, 1987년에는 충북노회 서기로, 노회와 총회의 운영에 참여하였다. 그리고 1986년에는 전국목회자정의실천협의회에 가담하여 적극적으로 활동하기 시작하였다. 1987년 2월 15일 오후 2시 30분 그가 시무하고 있던 청주 명암교회에서 역사적인 "고문추방 및 고 박종철군 범시민 추모기도회"가 개최되었다.

김정웅 목사는 1980년대 충북민주화운동의 큰나무였다. 70~80년대 운동권 인사들 중 그의 도움을 받지 않은 사람이 없을 정도로 김 목사는 공안의 탄압으로부터 민주화 일꾼들을 지키고 후원하는 든든한 버팀목이었다. 광주항쟁을 거치면서 민주화운동이 활발해져 충북지역에도 관련 단체들이 탄생하기 시작했는데 그는 충북민주운동협의회 상임의장, 민주헌법운동쟁취국민운동 충북본부 의장, 충북민족민주운동연합 상임대표로 지역 민주화 세력의 맏어른 역할을 감당하였다. 그리고 그의 활동은 그 후에도 이어져 1990년대 김정웅 목사는, 민주주의민족통일충북연합 상임대표, 통일시대국민회의 상임대표, 정권교체민주개혁충북위원회 공동대표, 민주개혁국민연합충북연대 상임대표, 반부패국민운동연대충북본부 회장으로 활동했다. 그런데 김정웅 목사의 민주화운동은 그야말로 소박하게 시작되었다. 즉 성경의 선한 사마리안인의 비유에 나오는 이웃 사랑의 메시지를 김 목사는 좌우 돌아보지 않고 그대로 실천한 것이다. 큰 대의명분과 우국충정을 갖고 시작한 것이 아니라 사회적 약자인 시위학생들을 구제하는 것이 목사가 해야 할 마땅한 일로 여겨 그 도리에 충실했던 것이다.

1990년대 김정웅 목사의 목회 사역은 먼저 교회 중직자들을 임직하는 것으로 시작되었다. 교회가 계속 성장하면서 새로운 일꾼의 선출은 필연적이었다. 1983년 모두 50명에 불과했던 명암교회 전체 제직의 수

총회 연금재단 초대이사회 모임 후(1993. 11. 11)

는 꼭 10년 만에 200여 명으로 늘어났다. 교회의 양적 팽창이 지속된 것이다. 그래서 1990년대 명암교회는 모두 세 차례에 걸쳐 직분자들을 선출했다.

김정웅 목사는 1991년 9월의 제76회 대한예수교장로회 총회(서울 소망교회)와 1999년 9월의 제84회 총회(영락교회)에 총대로 참석하였고, 1991년 9월 문의교회당에서 회집되었던 충북노회에서 부노회장에 피선되었다. 이듬해 김 목사는 충북노회장을 역임하였다. 또한 명암교회는 그동안 충북노회를 세 번 유치하여 회원교회로서의 소임을 다했다. 1992년 제87회, 1998년 제99회, 2008년 제119회 충북노회 정기노회 회의였다. 그 외에 김 목사는 기독교방송 청주방송국 운영이사와 이사장, 한국기독교협의회 충북협의회 회장, 대한예수교장로회 대전신학교 이사, 장로회신학대학교 이사와 이사회 서기로 폭넓게 봉사하였다.

김정웅 목사의 목회 철학은 크게 두 가지로 요약된다. 하나는 복음주의적인 교회 운영이다. 김 목사의 현장 목회는 몸에 밴 기도생활을 통해 단련된 영성을 기반으로 성도들의 경건생활을 적극 강조한다. 기도와 성경공부, 전도와 주일학교 교육 등 한국 교회 주류의 신앙적 가치를 존중하고 계승하는 데 주력한다. 명암교회는 그래서 복음적인 교회이다. 다른 한편으로, 김 목사는 경건과 영성을 강조하는 교회들에게서 흔히 나타나는, 사회 현실에 대한 외면과 피안적인 태도를 경계하고 그것을 극복하려는 목회 철학을 갖고 있다. 교회가 소외된 자, 어려운 사람들을 소홀히 여겨서는 안 된다는 것, 즉 선한 사마리아인의 비유에 나오는 이웃 사랑의 정신을 간과하지 말자는 것이다. 1980~1990년대 김 목사의 민주화운동은 바로 이러한, 경건과 참여의 균형을 잃지 않으려는 자세에서 비롯된 것이었다. 그런데 우리 사회의 민주화가 어느 정도 이루어진 1990년대 후반부터 김정웅 목사의 사회활동은 방법적인 측면에서 변화하게 된다. 즉 인권과 민주화라고 하는 제도적인 차원에서 한걸음 더 나아가 소외된 이웃들을 실질적으로 도울 수 있는 길을 모색하게 된 것이다. 명암유치원과 행복한 아동복지센터, 명암장애인작업장, 독거노인돕기와 명암노인재가복지센터, 다사랑쉼터 등 명암교회의 사회사업과 복지사업은 이런 과정을 통해 구체화되었다. 그밖에 김정웅 목사는 특수선교기관인 세진회와 실버타운인 소망의 집, 그리고 한아봉사회 등의 사회복지·선교기관의 설립과 운영에 깊숙하게 참여하였다.

부록

감사패, 공로패, 위촉장 모음

공 로 패

명예회원 김정웅

귀하는 본 클럽 창립을 위하여 힘쓴 공로를 높이 치하하고 그 공을 기리 새기고자 감사한 마음으로 이 패를 드립니다.

1980. 9. 1.
국제와이즈멘 한국서부지구
당진클럽 회장 박동원

축 위 임

명암교회 김정웅

나를 능하게 하신 그리스도 예수 우리 주께 내가 감사함은 나를 충성되이 여겨 내게 직분을 맡기심이니

- 디모데전서 1:12

동문의 위임을 축하하오며
1983. 5. 20.
장로회 신학대학 제70기 동문회

감 사 패

대한예수교장로회명암교회 목사 김정웅

귀하께서는 그리스도의 사랑과 헌신적인 목회로서 교회성장에 있어서 큰 도움을 주셨으므로 그 고마운 뜻을 온 교우와 함께 감사드리며 성전 봉헌일을 맞이하여 이 패에 감사의 뜻을 담아 드립니다.

주후 1985. 3. 1.
대한예수교장로회 당진교회 당회장 이명남목사

기 념 패

대한예수교장로회 명암교회

위 교회는 대한예수교장로회 충북노회 청주동시찰내의 교회로서 앞으로 구령사업에 더욱 정진하고자 예배당을 건축하여 헌당식을 거행하게 되었기에 본 노회에서는 이를 치하하면서 기념패를 드립니다.

주후 1989. 7. 1.
대한예수교장로회 충북노회 **노회장 서진원**

공 로 패

성명 김정웅 목사

귀하는 1989년도 충북노회 교역자기도회 회장직을 성실히 수행하였고 교역자 상호간의 유대를 돈독하게 했으므로 그 공로를 치하하여 고마운 뜻을 이 패에 담아 드립니다.

1990. 2. 5.
대한예수교장로회 충북노회 교역자기도회 **회장 이홍구**

감 사 패

명 암 교 회

제71회 전국체육대회가 귀교회의 각별하신 협조로 사상 가장 훌륭하고 모범적인 대회로 치루어졌습니다. 따뜻한 눈빛 다정한 말 한마디 그 어느 곳에서도 거친 것이 없고, 정성이 깃들어지지 않은 곳이 없었음에 우리는 스스로 놀랍고 자랑스럽게 여겼습니다. 참으로 고맙습니다. 그간의 값진 성원에 거듭 감사드리며 50만 시민의 이름으로 이 패를 드립니다.

1990. 10. 22.
청주시장 박 찬 무

감 사 패

명암교회

　대전신학교와 학생들을 사랑하는 마음에서 따뜻한 사랑을 베풀어 주심에 진심으로 감사하는 마음을 이 패에 담아 드립니다.

1990. 11. 13.
대한예수교장로회 대전신학교 학장 정행업

감 사 패

이 사 김 정 웅

　귀하께서는 평소 진정한 지역 언론의 필요에 대해 공감하시어 청주신문의 창간에 공헌을 하셨으며 이후 1주년에 이르기까지 본사발전에 커다란 기여를 하셨으므로 이에 감사패를 드립니다.

1991. 3. 2.
청주신문 대표이사 발행인 윤석주

공 로 패

김 정 웅 목사

　위의 분은 전국목협 제6차 회기동안 본회 의장으로서 이땅의 민주화와 목협발전을 위해 헌신의 노력을 다하였기에 그 공로를 기려 이 패를 드립니다.

1992. 2. 17.
전국목회자정의실천협의회 의장 원형수

감 사 패

명 암 교 회

귀교에서 노회산하 본 연합회가 주관하는 제23차 교육대회를 개최할 수 있도록 장소를 허락하여 주시고 물심양면으로 도와주셔서 대회를 은혜롭게 마칠 수 있게 됨을 감사하며 이 패에 고마운 마음을 담아 드립니다.

1992. 7. 2.
대한예수교장로회 충북노회아동부연합회 회장 박정규

감 사 패

청주 명암교회

귀 교회에서는 군 선교에 깊은 관심을 가지고 저희 교회에 예배용 의자를 봉헌해 주셔서 장병 신앙전력화에 기여한바가 크므로 이에 감사한 마음을 담아 이 패에 새겨 드립니다.

"네가 죽도록 충성하라 그리하면 내가 생명의 면류관을 네게 주리라" (요한계시록 2:10)

1992. 9. 26.
육군 제6859부대장 중령 김현식
갈릴리교회 군목 문선종

감 사 패

명암교회 김정웅 목사

귀하는 본 충북노회 유지재단 이사로 8년간 재임시 노회 유지재단 발전과 노회 재산 관리에 크게 헌신한바있어 그 감사함을 이 패에 담아 드립니다.

주후 1992. 11. 2.
대한예수교장로회 충북노회장 이홍구

공 로 패

김정웅 목사

    귀하는 본 충북노회장 재임시 노회 발전에 크게 공헌한바 있어 그 공을 이 패에 담아
드립니다.

주후 1993. 11. 8.
대한예수교장로회 충북노회장 조경호

감 사 패

김 정 웅 목 사
충북노회 명암교회

    귀하는 본 총회 연금재단 서기이사로서 본 재단의 발전을 위하여 크게 봉사하였기에
그 감사한 뜻을 여기에 새겨 드립니다.

1993. 12. 15.
재단법인 대한예수교장로회 총회 연금재단
이사장 유의웅

추 대 장

성명 김정웅 목사

　민족과 세계복음화를 위하여 전 교회가 연합하여 총체 총력으로 세계복음화 전략을
전개하는 기독교 21세기운동(AD 2000 and Beyond Movement)의 확산을 위하여 귀하를
청주·충북 부준비위원장으로 정중히 추대합니다.

1994. 5. 21.
기독교21세기운동본부

명예대회장 : 한경직, 김창인
대표대회장 : 정진경
대　회　장 : 조향록 최훈 이성택 곽선희 김선도 조다윗
　　　　　　김장환, 김상복
준비위원장 : 김준곤
사무총장 : 박영률

감 사 패

이사 김정웅 목사

　귀하께서는 본 법인 이사로 취임하셔서 지난 9년간(1985. 6. 26~1994. 6. 25) 지교회 재
산관리와 본노회 유지재단 발전을 위하여 끼치신 공이 지대하므로 임기를 마치시는 자
리에서 그 고마운 뜻을 이 패에 담아 드립니다.

1994. 6. 25.
재단법인 대한예수교장로회충북노회유지재단
이사장 최 승

공 로 패

명 암 교 회
당회장 김정웅 목사

귀하께서는 대전신학교의 이사로 재직하는 동안 이전사업 등 학교발전에 헌신 노력 하셨기에 감사의 마음을 이 패에 담아 드립니다.

1998. 5. 21.
대전신학교 이사장 박성동

공 로 패

명 암 교 회
당회장 김정웅 목사

귀 교회는 대한예수교장로회 제99회 충북노회 정기노회에 즈음하여 회의장소 제반봉사와 편의시설을 제공하여 주셨으며 총회회의 진행에 온 교회가 열과 성의를 다하여 성공적으로 노회를 마칠 수 있도록 협력하여 주심에 감사하며 그 뜻을 이 패에 새겨 드립니다. 성삼위 하나님의 평안이 귀 교회 위에 항상 함께 하시기를 기원합니다.

1998. 10. 13.
대한예수교장로회 충북노회 노회장 성귀영

위 촉 장

김 정 웅

귀하를 충청북도 제2의 건국 범국민추진위원회 위원으로 위촉합니다.

1998. 12. 29.
충청북도지사 이원종

감 사 장

전국교직원노동조합. 이 이름을 이 땅에 바로 세우고 올곧게 지켜내는 일은 김정웅님의 도움이 있었기에 가능했습니다. 지난 십년 동안 저희가 참교육을 실현하기 위해 어려움을 겪을 때나 고난 받을 때 항상 함께해 주시고 도와주신 은혜를 가슴깊이 새기며 이 감사장을 드립니다.

1999. 1. 20.
전국교직원노동조합 충북지부장 오황균

공 로 패

김 정 웅

귀하께서는 명암유치원을 운영하시며 사랑과 정성으로 유아를 교육하시고 늘 유아교육 발전을 위해 연구하는 모습을 보이셨으며 사단법인 한국 유치원 총연합회 충북지회의 발전에도 많은 도움을 주시어 본 협회에서는 이 패에 그 큰 공을 담아 드립니다.

1999. 5. 15.
사단법인 한국유치원총연합회 충북지회
지회장 우성자

감 사 패

명 암 교 회 김 정 웅 목 사
(CBS청주방송 선교후원회 부회장)

귀 교회는 목사님과 함께 모든 성도들이 CBS청주방송 사옥 건축을 위해 특별한 관심 속에 기도와 헌금으로 협조하셨기에 준공에 즈음하여 감사의뜻을 이 패에 새겨드립니다.

1999. 6. 25.
기독교방송 사장 권호경

표 창 장

충 북 노 회
성명 김정웅

귀하는 노회장을 역임하시며, 심혈을 기울여 교회성장과 총회 발전에 크게 기여하였으므로 그 공로를 기리며 2000년 한국장로교대회를 기하여 그 뜻을 새겨 드립니다.

2000. 1. 4.
대한예수교장로회총회장 이규호
2000년한국장로교대회장 이규호

감 사 패

김 정 웅 목사

귀하는 명암교회 창립과 함께 이십년 동안 나라와 지역사회의 발전을 위해 우리를 이 끌어 주셨습니다. 명암교회 이십 주년을 맞이하여 민주화 운동을 함께 한 모든 이의 이 름으로 이 패를 드립니다.

2000. 7. 2.
충북지역 시민사회단체 임원일동

김상덕 김정빈 박학래 석균우 손영배 신순근 엄기현 이석희 한원전 강진국 김영소 김정자 노경빈 도종환 박정민 성기남 손병익 신성국 안성호 이강석 유시혁 이건만 이재호 이홍원 임봉빈 정기호 정차기 차홍도 최영선 김승환 김윤화 김창규 노영우 민경희 변광수 성기서 송은선 신영희 양병기 이상우 이현로 임명수 정영섭 정진동 지철수 최미애 홍순숙 김성구 이태화 김관영 권용석 오동진 이광식 조광재 조용우 최명수 김두성 박승용 엄은숙 이동호 조성국 주정두 한상일 강혜숙 권희돈 정용기 조성학 김형근 한종만 정초시 박종희 김윤모 나신종 유수남 백상진 이도형 변지숙 김신웅 정지성 최현성

우덕기 구자행 이주형 김창유 박상근 이은규 이나양 강래영 박영구 이정민 연철흠 이장섭 김성구 유행렬 이광희 박종관 김병우 김인국 김원수 박혜영 정태옥 최웅섭 배상일

232

위 촉 장

김 정 웅

제2의 건국 범국민추진위원회 위원으로 위촉함

2000. 10. 2.
대통령 김대중

위 촉 장

성명 김 정 웅

충북지역사회선교협의회에서는 귀하를 지도위원으로 위촉합니다.

2000. 12. 18.
대한예수교장로회 충북노회유지재단 충북지역사회선교협의회

감 사 패

김 정 웅 목사

　목사님은 1997년 6월부터 2001년 6월까지 학교법인 장로회신학대학교 이사회 이사로 재임하면서 대학발전을 위하여 헌신 봉사하신 노고에 감사를 드립니다. 임기동안 소임을 성실하게 수행하시고 임기만료로 퇴임하시는 목사님께 감사의 뜻을 이패에 담아 드립니다.

2001. 6. 7.
학교법인 장로회신학대학교 **이사장 한정원**

공 로 패

제9대 회장 김 정 웅 목사

귀하는 한아봉사회 제9대 회장으로써 '한아' 의 창립정신에 따라 베트남, 캄보디아, 라오스, 미얀마와 중국에 봉사선교를 수행하여 하나님을 영화롭게 하고, 또 열과 성의를 다하여 본회의 발전에 공헌하였기에 창립 10주년을 맞아 그 공로를 이 패에 담아 드립니다.

2002. 2. 21.
사단법인 한아봉사회 이사장 유의웅

공 로 패

명암교회 김 정 웅 목사

귀하께서는 전임회장으로 본 협회 발전을 위하여 기도와 후원으로 본 협회의 기틀을 마련하는데 공헌하셨습니다. 이를 기리기 위하여 이 패에 새겨 드립니다.
"하나님을 사랑하는자 곧 그 뜻대로 부르심을 입은 자들에게 모든 것이 협력하여 선을 이루느니라" (로마서 8장28절)

2002. 3. 13.
충북지역사회선교협의회 회장 송석홍 목사

위 촉 장

대한예수교장로회 명암교회
목사 김정웅

귀하를 환경정책 이해와 상호협력을 위한 금강지역 종교단체실천협의회 위원으로 위촉합니다.

(위촉기간: 2002. 12. 30~2004. 12. 29)

2002. 12. 30.
금강유역환경청장

감 사 장

성명 김정웅

　귀하께서는 제16대 대통령 선거에서 우리당의 승리에 적극적으로 헌신하여 새로운
대한민국 건설과 국민참여 정치시대를 열어 가는데 기여한 공헌을 높이 기려 이에 감사
장을 드립니다.

2003. 2. 20.
제16대 대통령당선자 **노무현**
새천년민주당 대표최고위원 **한화갑**

감 사 패

명암장로교회
김 정 웅 목사

　목사님께서는 CBS청주방송 2대 운영이사장(2001. 5. 11~2003. 5. 30)으로 계신 동안
방송을 통한 하나님 나라 확장과 CBS 청주방송 발전을 위하여 헌신적인 노력을 기울여
주셨기에 그 공을 높이 기리며 감사의 마음을 이 패에 담아 드립니다.

2003. 6. 24
재단법인 기독교방송 **이사장 예종탁**
사 장 이정식

위 촉 패

청주명암교회
담임목사 김정웅

　귀하를 CBS청주방송 시청자 위원회 위원장으로 위촉합니다.

2003. 11. 19.
CBS 청주방송 본부장 이계영

감 사 패

김 정 웅

귀하는 1995년 4월 '통일시대민주주의국민회의충북지부'가 창립한 이후, 1997년부터 지금까지 우리 단체의 상임대표로서 대안의 국민운동, 희망의 정치운동, 지역사회발전운동, 남북화해평화통일운동의 방향 아래 열성적으로 활동하여 통일시대충북연대의 발전과 함께 우리사회의 민주개혁과 평화통일의 기운을 드높였기에 이를 높이 기리어 회원들의 감사한 마음을 담아 이 패를 드립니다.

2005. 4. 28.
통일시대충북연대 회원일동

감 사 패

명 암 교 회
김정웅 목사

귀하께서는 학교법인한일신학 건축위원으로 봉사하시면서 한일장신대 기독교봉사교육관 건립에 지대한 공헌과 아낌없는 후원을 해 주셨기에 그 고마운 뜻을 이 패에 담아 드립니다.

2005. 6. 10
학교법인 한일신학 이사장 김동엽
한 일 장 신 대 학 교 총 장 정장복

위 촉 장

김 정 웅

민주평화통일자문회의 자문위원에 위촉함

2005. 7. 1.
대통령 노무현

감 사 패

명암교회 담임목사
김 정 웅

　귀 교회에서 본 재단이 추진하고 있는 평양과학기술대학의 건립을 위하여 후원하여
주심을 크게 감사하여 이 감사패를 드립니다.

2005. 10. 18.
(주)동북아교육문화협력재단 이사장 겸
평양과학기술대학 건립 **이사장 곽선희**
연변과학기술대학 총장 겸
평양과학가술대학 건립 **총장 김진경**

감 사 패

충북노회 명암교회
김정웅 목사님

　목사님께서는 108년의 역사와 전통 속에서 성장해 온 여전도회 전국연합회가 "새 역
사를 창조하는 선교여성" 으로서, 본 교단의 발전뿐만 아니라 한국교회의 발전에 크게 기
여하며 선교, 교육, 봉사의 3대 목적 사업을 아름다운 비전속에 펼쳐 나갈 수 있도록 도
와주셨습니다. 특별히 여전도회 주일(1월 셋째주일)을 지켜주시며, 긍지와 보람을 가지
고 여전도회 운동을 펼쳐가도록 격려해 주시고 각종 활동에 적극 지원하여 연합회 활성
화에 크게 협력해 주셨기에 충북노회 여전도회연합회의 제72회 총회를 맞이하여 감사의
뜻을 이 패에 담아 드립니다.

주후 2006. 2. 27.
대한예수교장로회 여전도회 전국연합회 **회장 이명원**

공 로 패

대한예수교장로회 충북노회
명암교회 당회장 김정웅

귀교회가 선구적인 사회복지 사역을 하면서 특별히 사회복지 법인 소망복지재단 설립과 청주 소망의 집을 완공하여 개원하기까지 헌신적으로 봉사하였으므로 그 공을 인정하여 높이 치하하며 이 패를 드립니다.

2006. 4. 4.
대한예수교장로회 사회복지법인 소망복지재단 이사장 민병억 목사

감 사 패

김정웅 목사

귀하께서는 학교법인한일신학 이사로 2003년 3월21일부터 2007년3월20일 까지 재임하시는 동안 본 법인과 한일장신대학교 발전을 위해 많은 공헌을 하셨기에 감사의 뜻을 이 패에 새겨 드립니다.

주후 2007. 3. 20.
학교법인 한일신학 이사장 이석권
한 일 장 신 대 학 교 총 장 정장복

감 사 패

명암교회 담임목사 김정웅

귀 교회에서 본 재단이 추진하고 있는 평양과학기술대학 건립을 위하여 후원하여 주심을 크게 감사하여 이 감사패를 드립니다.

2008. 8. 5.
(주)동북아교육문화협력재단
공동이사장 곽선희 · 김삼환
연변과학기술대학 총장 겸
평양과학기술대학 건립 총장 김진경

감 사 패

충북NCC 회장 김정웅

　귀하께서는 충북종교인평화회의 상임대표로 재임하면서 이웃종교 사이의 이해 증진과 평화구현에 큰 업적을 남기셨기에 감사의 마음과 회원 종단 모두의 정성을 이 패에 담아 드립니다.

2008. 2. 15.
한국종교인평화회의 대표회장 **최근덕**
충북종교인평화회의 상임대표 **박영순**

감 사 패

명암교회 당회장
김 정 웅 목사

　귀 교회는 대한예수교장로회 제119회 충북노회 정기노회 회의장소와 제반 편의시설을 제공하여 주셨으며, 온 교회가 열과 성의를 다하여 성공적으로 노회를 마칠 수 있도록 협조하여 주심을 감사하여 그 뜻을 이 패에 새겨 드립니다.

주후 2008. 10. 14.
대한예수교장로회 충북노회
노회장 **정선익** 목사

감 사 패

명 암 교 회
김 정 웅 목사

　귀하께서는 10여 년 동안 교정행정 발전에 헌신적인 지원과 협조를 하시면서 수용자 교정교화와 복음 선교에 남다른 열정으로 봉사하여 주셨기에 그 공로를 높이 기리고자 감사의 마음을 이 패에 담아 드립니다.

2009. 4. 16.
청주교도소장 **한본우**

상황과 섭리
– 김정웅 목사 전기 –

초판 인쇄 | 2010년 4월 9일
초판 발행 | 2010년 4월 13일

지은이 천사무엘·송현강 공저

펴낸곳 도서출판 동연
펴낸이 김영호
기 획 김서정
편 집 조영균
디자인 김광택
관 리 이영주

등 록 제1-1383호(1992. 6. 12)
주 소 121-826 서울시 마포구 망원동 472-11
전 화 02-335-2630   **팩 스** 02-335-2640
누리집 www.y-media.co.kr
이메일 ymedia@paran.com

ISBN 978-89-6447-110-4   03040